Historische Berufsbilder
DER GÄRTNER

Gartenarbeit.
Holzschnitt, um 1493

Günther und Rose. Leps

DER GÄRTNER

Zwischen
Schönheit und
Nutzen

Edition Leipzig

Schutzumschlag Vorderseite:
Ein Kunst- und Blumengärtner.
Kolorierter Kupferstich von Martin Engelbrecht,
um 1730

Schutzumschlag Rückseite:
Szenen des Inka-Gartenbaus nach der Entdeckung der Neuen Welt.
Zeichnungen aus:
Nueva Corónica y Buen Gobierno von Felipe Huamán Poma de Ayala,
um 1615

Die Deutsche Bibliothek –
CIP-Einheitsaufnahme
Leps, Günther:
Der Gärtner: zwischen Schönheit und Nutzen/
Günther und Rose. Leps. – Leipzig:
Ed. Leipzig, 1994
(Historische Berufsbilder)
ISBN 3-361-00417-9
NE: Leps, Rose.:

© 1994 by Edition Leipzig

ISBN 3-361-00417-9

Inhalt

Vom Ursprung des Gärtnerberufs

WANN HAT DER MENSCH den ersten Garten angelegt? Wer war der erste Gärtner? Wir werden es nie erfahren. Sicher ist aber, daß der Mensch zunächst Jäger oder Fischer war. Später folgte er nomadisierend den wilden Tierherden in die jeweiligen Weidegründe und wurde Viehzüchter. Das Jagen, Fischen und dann auch das Viehzüchten war von Anbeginn die Domäne der männlichen Hälfte der Menschheit. Die Frau begleitete den Mann. Ihr oblag ein nicht minder wichtiges Amt. Sie sammelte wildes Gemüse und wilde Früchte, die Samen verschiedener Gräser, aus denen sich eines Tages Brot herstellen ließ. Die Aufgabe der Frau war es also, für pflanzliche Kost zu sorgen und diesen Anteil der täglichen Ernährung aufzubereiten.

Irgendwann entdeckte eine Frau, daß man viele der bis dahin gesammelten Wildgemüse und Wildfrüchte durch Aussaat und Pflanzung in der Nähe der mehr oder weniger zeitweiligen Behausungen heranziehen kann. Vermutlich hat die Frau gerade durch diese Entdeckung für die Seßhaftwerdung des Menschen einen größeren Beitrag geleistet als der Mann. Außerdem wird dabei die ursprünglichste und erste aller Arbeitsteilungen, nämlich, daß die Frau den menschlichen Nachwuchs heranzieht, mitgewirkt haben. Natürlich handelt es sich hier um historische Zeiträume, die sich von der Dauer her nicht mit der geschriebenen Geschichte vergleichen lassen. So ist es legitim, die Übergänge von der Wirtschaftsform der Sammler und Jäger zu den seßhaften Viehzüchtern und Bodenbauern nicht nur als Teil einer langen Vorgeschichte menschlicher Zivilisationen zu betrachten sondern auch nach weiteren Übergangsformen zu suchen. Hierbei stieß der deutsche Ethnologe Julius Lips auf eine Art Vorstufe des gartenbaulichen Wirtschaftens.

Seiner Ansicht nach konnte nur bei den Erntevölkern die »wichtige psychologische Bereitschaft des Wartenkönnens auf das Reifen der Frucht« entstehen. Bei den Erntevölkern hatte sich eine Wirtschaftsform herausgebildet, in der nicht mehr das gelegentliche Sammeln von einer oder wenigen wildwachsenden Pflanzenarten charakteristisch war, sondern deren planmäßiges Einernten. Eine geschriebene historische Quelle ist uns aus dem alten Ägypten überliefert. Dort wurde die wildwachsende Lotoslilie in großen Mengen geerntet, in der Sonne getrocknet, zu Mehl zerrieben und zum Brotbacken verwendet. Im tropischen Afrika und in anderen Erdregionen fanden Ethnologen Stämme vor, die bis in die jüngste Zeit den wilden Reis ernteten. Bei den Ureinwohnern Australiens – den Aborigines – fanden sie als Ernteprodukte die wilde Yamswurzel, Lilienwurzeln, die Bunya-Bunya-Frucht (*Araucaria bidwillii*), den Naordusamen und die Früchte der Zykadazeen. Die Aborigines bewahren diese Früchte entweder in ausgereiftem Zustand oder verarbeitet auf. Sie sind die Hauptnahrungsmittel während des gesamten Jahres. Einige sind auch begehrte Handelsobjekte, nachdem sie zuvor durch einen Einsäuerungsprozeß haltbarer gemacht worden sind. Solche Konservierungsverfahren von wilden Früchten sind außerdem von den polynesischen und arktischen Stämmen bekannt.

Die Einstellung der Erntevölker zu den wildwachsenden Pflanzen ist grundverschieden von jener der Sammler und Jäger und psychologisch der der späteren Bodenbauer verwandt. Das Ernteareal ist Mittelpunkt des Stammeslebens und aller gesellschaftlicher Betätigung. In seiner Nähe siedelte man sich an. In Gesängen und Riten wurden die eingebrachten Früchte religiös verehrt. Schließlich begann man auch, ihre natürliche Vermehrung auf jede Weise zu fördern. Erntestämme Westaustraliens stecken zum Beispiel einige Yamsknollen wieder in den Boden; die Ojibwa-Indianer schlagen bei der Wildreisernte mehr Körner in den fruchtbaren Schlammboden ihrer Seen als in ihre Kanus. Aus der Wirtschaftsform der Erntevölker, die ernten ohne zu säen, und deren Ernteverhalten ging die Bodenbewirtschaftung hervor, und es besteht kein Zweifel, daß die Frau sie erfunden hat.

Die angebauten Pflanzen mußten fortan vor Wild und Vieh geschützt werden. Der Mensch fand auch hier die Lösung. Das bepflanzte Stück Erdreich »gürtete« man ein (von »Gürtel«) und so

Nardupflanze (links) und Bunya-Bunya-Frucht (rechts)
der australischen Erntevölker.
Zeichnung von Eva Lips, 1953

entstand das »Gegürtete«, nämlich der Garten. Dieser auch »Einfriedung« genannte Schutz ist einer der wesentlichen Unterschiede zum Acker oder freien Feld. Analoge sprachliche Ursprünge findet man in allen geographischen Regionen, in denen Gärten, Gartenkultur und Gärtnertum entstanden sind.

Zwischen dieser sich im Dunkel der Geschichte verlierenden Erfindung der Gartenkultur und dem heutigen Gartenbau liegen zwar Epochen der Menschheitsentwicklung, jedoch ist bis in die Gegenwart in vielen Kulturen die Nähe zu diesen Anfängen noch lebendig geblieben. Noch immer werden die Gärten der brasilianischen Ureinwohner, in den Dorfgemeinschaften Schwarzafrikas oder in der Südsee von den Frauen bewirtschaftet. Die Frau war nicht nur der erste Gärtner, sie ist es in diesen Stammesgemeinschaften bis heute geblieben. Die Männer setzten auch nach der Einführung von Boden- und Gartenbau ihre Jagdtätigkeit fort. Die Frauen der indianischen Stämme, die bereits seit etwa 12 000 Jahren in den Regenwäldern Amazoniens leben, haben einen landschaftspflegenden Gartenbau entwickelt, der in einem festen Zyklus den fließenden Übergang von Wald- zur Kulturfläche und in umgekehrter Richtung garantiert. Für die Siona und Secoya in Ostekuador tragen Wildpflanzen nur noch mit 5 % zur Gesamtenergie im täglichen Speiseplan bei. 224 Nutzpflanzen sind diesen amazonischen Indianern bekannt. Die Kayapo-Indianer, die am Oberlauf des Xingú-Flusses leben, unterscheiden sogar mehr als 600 verwertbare Pflanzenarten. In zum Teil künstlich angelegten Bodenvertiefungen füllen sie auf Komposthaufen gesammelten Humus, vermischen diesen mit Erde von Termitenhügeln und weiterem Urwaldmaterial und ziehen auf diesen Waldinseln Knollen, Früchte, Nüsse usw. In unmittelbarer Nähe der Dörfer werden über 30 Arten von Nutzpflanzen angebaut. Es gibt keine Monokultur. Die Aussaat- oder Pflanzenfolge richtet sich nach den unterschiedlichen Nährstoffansprüchen sowie nach der unterschiedlichen Wachstumsgeschwindigkeit. So führt der gemeinsame Anbau von Mais, Banane und Maniok zu einer schattenspendenden Stockwerkbildung und zu günstigen mikroklimatischen Bedingungen. Als erste Pflanze wird der Mais bei einer Wuchshöhe von etwa drei Metern nach vier Monaten erntereif. Nach Ablauf des ersten Jahres folgt die Bananenernte und ein halbes Jahr darauf setzt die Ernte des Maniok ein. Die Kayapo-Indianer wählen übrigens die

Kalifornische Indianerinnen
mit Wasser- und Grassamenkörben.
Zeichnung von Eva Lips, 1953

Pflanzen nach deren Geschmack oder ihrer Resistenz gegen Pflanzenkrankheiten und nach weiteren Eigenschaften aus. Jede Kayapo-Familie ist für den Anbau und die Verbesserung einer bestimmten Nutzpflanze verantwortlich.

Die Frauen des Dorfes Kasenje im Hochland von Zentralangola legen seit Generationen das »naka« an, ein kleines Gartenstück am Fluß. Im Juni säen sie den ersten Mais und die frühen Gemüse aus, die dann im Januar zu reifen beginnen. In der Niederung am Rand des Flusses ist das Gras länger grün. Das »naka« wird daher auch Garten der feuchten Niederung genannt. Außer Mais bauen die Kasenje-Frauen Kürbis, Süßkartoffel, Bohnen und Maniok an. Im April ist alles herangereift. Bis zur Ernte kennt man keinen Ruhetag. Ist die Arbeit getan und liegt die Ernte in den Speichern, beginnt die Zeit der Feste, eine ausgelassene, fröhliche Zeit.

Von den Nad'as auf den Sundainseln ist bekannt, daß zunächst die Männer den Boden für Aussaat und Pflanzung vorbereiten, ihn dann jedoch den Frauen zur weiteren Bearbeitung überlassen. Die Frauen sorgen auch dort für die pflanzliche Ernährung der Stammesmitglieder.

Die Entstehung der ersten Blumengärten dürfte ebenfalls eine Erfindung der Frau sein. Sträucher und Blumen schmückten oft die Ränder der Nutzpflanzungen oder wie bei den Papua den Raum zwischen den Obstgärten. Die Freude am Schönen hat somit die Gartenkulturgeschichte von Anfang an begleitet. Alle wesentlichen Merkmale, die die Gartenkultur im Verlaufe ihrer langen Geschichte ausbildete, lassen sich auf Wurzeln zurückführen, die sich in der Vor- und Frühgeschichte verlieren: ein Garten ist ein geschütztes Stück Boden, auf dem Gewächse mit besonderer Sorgfalt gepflegt werden, sei es, um aus ihnen Nutzen zu ziehen oder sei es ausschließlich zu ästhetischen Zwecken und zum (rituellen) Vergnügen.

Der französische Seefahrer Bougainville, der von 1766 bis 1769 im Auftrage Ludwigs XV. eine Weltreise unternahm, glaubte im Garten Eden angekommen zu sein, als er 1768 Tahiti erreichte. Die schönsten Wiesen, von kleinen Flüssen durchschnitten, mit den herrlichsten Fruchtbäumen, dazu eine köstliche Frische, traten ihm entgegen. Er konnte gar nicht verstehen, warum angesichts dieser üppigen Pflanzenwelt die Inselbewohner noch extra Gärten anlegten; denn er sah bei seiner Ankunft »Gruppen von Weibern und Männern im

Afrikanische Frauen bei der Bodenbearbeitung.
Zeichnung von Eva Lips, 1953,
nach einer Photographie
im Museum für Völkerkunde, Köln

Schatten der Fruchtbäume sitzen ... Ruhe, sanfte Freude« und Glück ausstrahlend.[1] Ähnliche Empfindungen müssen den französischen Maler Paul Gauguin bewogen haben, von 1891 bis 1893 auf Tahiti zu bleiben, »Paradies von Tahiti, navé navé fénua, – köstliches Land«, schrieb er in seiner autobiographischen Erzählung »Noa Noa«. Als Bougainville auf Tahiti weilte, ernährten sich von dem 1042 Quadratkilometer großen, lediglich von einer schmalen Küstenniederung umgebenen, vulkanischen Eiland etwa 120 000 Menschen. Hundert Jahre später waren noch 8000 Tahitaner verblieben. Europäische Invasion und der Monotheismus haben die Spuren »einer einst hohen Kultur verwischt«, stellte Gauguin fest.

Zur Zeit Bougainvilles hatten die Inselbewohner um ihre Wohnstätten Gärten angelegt, in denen neben anderen Früchten Kürbisse, Süßkartoffeln, Yamswurzeln für die tägliche pflanzliche Ernährung herangezogen wurden. Die einzelnen Gartenareale schützte ein Zaun vor den gefräßigen Buschschweinen. Die Kleidung wurde aus der bearbeiteten Rinde eines Baumes gefertigt, den die Tahitaner ebenfalls in der Nähe ihrer Häuser anpflanzten. Auch die Begleiter Bougainvilles waren von dem Vorgefundenen beeindruckt. »Die Fruchtbäume stehen klug verteilt auf Feldern, welche die ganze Anmut unserer Obstgärten ohne deren langweilige Symmetrie besitzen«, teilte Philibert Commerson, sein englischer Arzt und Botaniker, brieflich mit. Und in demselben Brief bemerkt er: »Alle ihre Pflanzen sind ihnen bekannt und durch Namen unterschieden, die sogar die Ähnlichkeiten bezeichnen. Ihre Handwerksgeräte sind, obwohl aus rohem Material hergestellt, dennoch des Vergleichs mit den unsrigen würdig aufgrund der Wahl ihrer Formen und ihrer sicheren Wirkungsweise.« Commersons konservative, dem biblischen Schöpfungsbericht verpflichtete Menschheitssicht, ließ ihm nur eine Erklärung für Besiedlung und Kultur Ozeaniens zu. Es mußte wenigstens ein Menschenpaar (nach der Sintflut) erhalten geblieben sein, das die vorsintflutlichen paradiesischen Verhältnisse wiederherstellen konnte. Das geistige Vermögen der Stammes-»Oberen«, die gelegentlich zu den Mahlzeiten der Inselgäste geladen wurden, erregte die Gemüter der französischen und englischen Sendboten von vorgeblich höherer Kultur und Gesittung. Über jedes Gericht wollten die Tahitaner aufgeklärt werden. Von jeder Gemüsesorte der Fremden, die ihnen mundete, »verlangten sie sofort Samenkörner;

Die Frau mit der Frucht.
Gemälde von Paul Gauguin, 1893.
Ermitage, St. Petersburg

wenn sie diese bekamen, erkundigten sie sich sogleich danach, wo und wie man sie auslegen müsse und wieviel Zeit sie brauchten, bis sie Früchte brächten«. Commerson gelangte nur zu einem Schluß: Die Tahitaner sind »in allem kluge Menschen«.[2]

Bougainville und seine Begleiter berichteten nicht über die Art und Weise der Bodenvorbereitung in den Gärten. Aus anderen Quellen ist aber bekannt, daß in Ozeanien, wozu Tahiti gehört, von den Männern Brandrodung betrieben wurde. Die nachfolgende Auflockerung des Bodens in Abständen von einem Schritt während der Trockenzeit und die Lockerung mit Grabstöcken in der Regenzeit sowie das laufende Jäten des Unkrautes war den Frauen auferlegt. Auch die Aussaat und das Anpflanzen von Wurzel-, Knollen und Zwiebelgemüse oblag den Frauen. Gerade die gemischte Anpflanzung ist stets Ausdruck langer Anbauerfahrung. Wollte man die Erträge steigern, mußten Kenntnisse eingesetzt werden, denen der Europäer nur Hochachtung zollen kann. Der Mann scheint sich überwiegend nur um die grobere Vorbereitung des künftigen Gartenareals gekümmert zu haben. Vielleicht gehörte das Legen von Bränden zu einem rituellen Vergnügen der Männer, von dessen tieferen Sinn die Frauen ausgeschlossen waren. Alle Folgearbeiten mußten von den Frauen bei nicht geringer physischer Anstrengung gemeistert werden.

Die Bearbeitung des Bodens erfolgte ursprünglich mit Grabstock,[3] Pflanzstock oder ähnlichen Geräten. Da aber für den Gartenbau die intensive, sorgfältige Vorbereitung des Bodens (der Beete), die Düngung, der Fruchtwechsel und andere Tätigkeiten wie das Terrassieren und die künstliche Bewässerung charakteristisch sind, bildete sich später ein differenzierteres Geräteinventar heraus, zu dem je nach Bodenbearbeitungsart die Erdhacke, der Spaten, die Furchenschaufel usw. gehören.

Die Wiege des Gartenbaus oder seiner Vorstufen ist in allen Erdteilen zu finden. Ebenso ist die Frau als erster Gärtner präsent. So ist es kein Zufall, daß selbst in Deutschland der historische Platz der Frau in uralten Traditionen fortgeschrieben wurde. Mindestens bis zur Renaissance gehörte der Frau nach geltendem Recht der Garten und seine Erträge. Das Gemüse im Garten und die Vorratskammer fiel ihr als Witwenerbe zu. Es war jener Musteil (Gemüse hieß ehedem Mus), der später zum Muß- oder Pflichtteil sprachlich umgewandelt wurde. Als aufgrund des sich stetig vergrößernden

Historische afrikanische Bodenbearbeitungsgeräte:
Spaten, Nordkamerun; gerade Hacke mit eingedorntem Eisenblatt, Nigeria;
Hacke mit eingeklemmtem Eisenblatt; Togo;
Grabstock mit Beschwerdestein der Buschmänner.
Zeichnung von Paul German, 1948

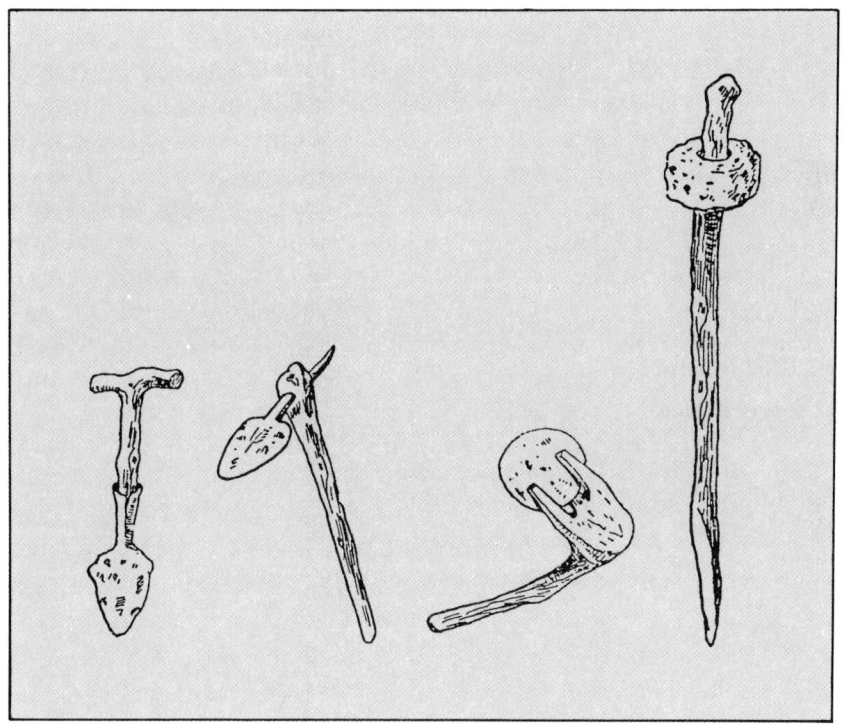

Bedarfs an pflanzlichen Nahrungsmitteln die jüngere Tochter der Gartenkultur, der Ackerbau, immer größeren Umfang annahm, verblieb der Garten in der Umgebung der Wohnstätten. Jahrtausende hindurch war er so das Tätigkeitsfeld der Frau, unterstützt durch Greise, die nicht mehr, oder durch Kinder, die noch nicht zur Jagd und zur schweren Feldarbeit taugten.

Linguisten haben herausgefunden, daß es im germanischen Sprachraum zahlreiche enge etymologische Beziehungen zwischen dem Wort Garten im Sinne eines geschützten, umhegten und umsorgten Ortes und den der Frau zugeschriebenen weiblich-mütterlichen Eigenschaften, Schutz und Frieden zu gewähren, gibt. Ein Verfolgter fand bei den Frauen und in ihren Gärten Schutz und Asyl, wenn es nötig war, auch unter ihrem Mantel, wie man es bei der Schutzmantelmadonna kunstgeschichtlich vorfindet. In der Silbe »gard« in den germanischen Frauennamen Friedegard, Armgard, Liebgard und Hildegard ist die mythologische Vorstellung von heiligen Kreisen, also Gärten, enthalten, die Priesterinnen um sich herum absteckten, um den Verfolgten, Bedrohten und Asylsuchenden Schutz zu bieten. Solche Frauen trifft man auch in anderen Mythologien. Dort lebten sie im Temonos, in Hainen, Oasen und Labyrinthen, die immer auch Gärten oder eine Gartenlandschaft darstellten.

Der Garten Adams

SPÄTESTENS SEIT den jüdisch-christlichen Berichten über den Garten Eden wird die Menschheit belehrt: Nicht Eva war der erste Gärtner, sondern Gott Jahwe war es. Und dieser muß männlichen Geschlechts gewesen sein, denn Adam entstand nach seinem Bilde. Mitten im Chaos soll Gott dem ersten Menschenpaar einen Lebensraum geschaffen haben, den Garten Eden oder das Paradies. Die Berichte über diesen Garten widersprechen sich aber. Während die einen Autoren sich das biblische Paradies als Schlaraffenland vorstellten, wo Milch und Honig flossen, glaubten andere, daß auch Jahwe nicht ohne Mühe seinen Garten erhalten, das heißt, bestellen konnte. In den deuterokanonischen Büchern des Alten Testaments wird der Garten Gottes oder jener Garten, den er für den Menschen angelegt hatte, schon ziemlich irdisch beschrieben: »Denn der Herr, dein Gott, will dich in ein schönes Land bringen, in ein Land mit Wasserbächen, Quellen und Grundwassern, die in der Niederung und im Gebirge entspringen, ein Land mit Weizen und Gerste, mit Weinstöcken, Feigenbäumen und Granaten, ein Land mit Ölbäumen und Honig, ein Land, in welchem du dein Brot nicht kärglich zu essen brauchst, sondern an nichts Mangel leiden wirst, ein Land, das in seinem Gestein Eisen birgt und aus dessen Bergen du Kupfer heraushauen wirst. Wenn du dann gegessen hast und satt geworden bist, so preise den Herrn, deinen Gott, für das schöne Land, das er dir gegeben hat… Hüte dich ja, als dann den Herrn, deinen Gott, zu vergessen …«[3] In dieser biblischen Passage ist der Unterschied zwischen dem himmlischen »Schlaraffenland« und dem »irdischen Jammertal«, das Adam und Eva nach ihrer Vertreibung aus dem Paradies fortan im Schweiße ihres Angesichts in einen Garten zu verwandeln hatten, nicht mehr so eindeutig.

Über die lebenspendende Rolle des Wassers heißt es bereits in der Urgeschichte: »Es entsprang ... ein Strom in Eden, um den Garten zu bewässern, und teilte sich von dort aus, und zwar in vier Arme«. Diese entsprechen nach heutiger Kenntnis real existierenden Flußläufen, von denen Tigris (= dritter Arm) und Euphrat (= vierter Arm) die bekanntesten sein dürften. In der zweiten Schilderung ist das Hohelied auf das Wasser kaum noch zu übertreffen. Die Autoren der biblischen Texte haben zweifellos gärtnerische Erfahrungen von vielen vorausgegangenen Generationen verarbeitet. Sicher sind auch Verklärungen darunter, wenn festgehalten wurde, daß, solange der König Salomo lebte, jeder unter seinem Weinstock und unter seinem Feigenbaum wohnte. Auch mögliche durch Krieg und Naturkatastrophen hervorgerufene Rückschläge, die allerdings meist als göttliches Strafgericht ausgelegt sind, haben die Autoren berücksichtigt. So heißt es beim Propheten Jesaja: »So will ich euch denn jetzt kundtun, was ich mit meinem Weinberge machen will: die Umzäunung will ich von ihm wegnehmen, damit er abgefressen wird, und seine Mauer niederreißen, damit er zertreten wird. Ich will ihn ganz wüst werden lassen: er soll nicht mehr beschnitten und nicht mehr behackt werden, sondern in Dornen und Disteln soll er aufschießen, und den Wolken will ich gebieten, keinen Regen mehr auf ihn fallen zu lassen«.[4]

Ihren irdischen Ursprung hatten die Mythen vom Paradies in den Gärten der persischen Achämenidenzeit (522–330 v. Chr.). Der Garten des Kyros' II. in Kelainai (geographisch: Phrygien) soll das Urbild geliefert haben. Die Perser nannten nämlich ihre umfriedeten Gärten »pairi-dae«. Sie glichen einer gezähmten Wildnis. Ausgedehnte Gehege schützten die reich mit Rosen und anderen Blumen bepflanzten Anlagen. Gerade Alleen mit Obstbäumen durchzogen das Areal. Hinzu kam ein System von Bewässerungskanälen und auch ein Gartenpavillon fehlte nicht. Schließlich gehörten verschiedene Tiere dazu. Solch ein Gartengehege wurde in vier, die Erdregionen (Himmelsrichtungen) symbolisierende Abschnitte gegliedert. Vielleicht sind die Persischen Teppiche, die ebenfalls diese Einteilung aufweisen, noch eine Art konservierter Kunstfertigkeit persischer Gärtner im Spiegel einer anderen Kunstgattung.

Der Grieche Xenophon, ein Schüler des Philosophen Sokrates, prägte den Namen »Paradeisos«, dem altpersischen Wort awesti-

Der Schöpfer und Adam im Paradies.
Flämischer Wandteppich, 2. Hälfte 16. Jh.
Akademie, Florenz

sche für Garten entlehnt. In die verschiedenen europäischen Sprachen gelangte der Begriff Paradies über die heiligen Schriften der Parsen (8.–3. Jahrhundert v. Chr.). Sie waren Anhänger der von Zoroaster gestifteten Staatsreligion des alten Perserreiches. Zoroaster soll um 1000 v. Chr. gelebt haben. Die zoroastrische Religion hatte sich in den Dienst von Boden- und Gartenbaukultur gestellt und ihre Kulte darauf abgestimmt. Dem Monde (Mondkult) wurde eine besonders wohltätige Einwirkung auf das Wachstum der Pflanzen zugeschrieben. Der Feuerkult stand mit der reinigenden Kraft der Sonne in Beziehung. Auch das Wasser hatte einen göttlichen Repräsentanten in der Göttin Anohita. Ihre Verehrung gebot, fließendes Wasser nicht zu verunreinigen. Moralische Pflicht der Anhänger der zoroastrischen Religion war es, den Boden zu pflegen, Obstbäume anzupflanzen, für Be- und Entwässerungsanlagen zu sorgen. Abgeschnittene Fingernägel und andere Absonderungen des Menschen mußten vergraben werden. Es galt das prophetische Wort des Religionsstifters Zoroaster: »Der Erde ist das am angenehmsten, was den menschlichen Wohlstand fördert.« Das missionierende Christentum benutzte die Vorstellung vom Paradies als erstrebenswerten Ort und als Glückszustand nach dem Tode.

Seit der »Vertreibung« aus dem Paradies träumen die Menschen von einer Rückkehr, hoffend, alle irdischen Widrigkeiten hinter sich lassen zu können. Gleich in welcher Erdregion sich Gartenkultur ausbildete, stets verklärte sich diese menschliche Errungenschaft, verwandelte sie sich gleichzeitig in eine geheimnisvolle Sehnsucht nach ewiger Wiedergeburt des Menschen und der Natur in einer anderen Welt. In fast allen Mythologien und Religionen ersehnen die Menschen letztlich den inneren und äußeren Frieden, Harmonie und Vollkommenheit im Jenseits oder bereits auf Erden. Ein besonders anschauliches paradiesisches Wunschbild stammt aus China und ist 2300 Jahre alt. In diesem »Paradies« gibt es weder Wind noch Regen, weder Frost noch Tau. Seine Vögel und Tiere, Pflanzen und Bäume unterscheiden sich von den irdischen. Die Luft ist mild und enthält keine giftigen Ausdünstungen, die krank machen. Die Menschen sind sanftmütig und folgen der Natur ohne Zank und Streit.

Etwa zeitgleich mit dem Garten Eden verbreitete sich der Ruhm der »Hängenden Gärten« der Semiramis. Schöpfer war Nebukad-

Persisches Paradies.
Miniatur, um 1430. Musée des Arts Decoratifs.
Der persische Paradiesgarten
ist die idealisierte Version der islamischen Gärten

nezar II., der im 6. Jahrhundert v. Chr. eine neue Blütezeit des Babylonischen Reiches eingeleitet hatte. Anlaß soll seine persische Nebenfrau gegeben haben. Sie vermißte ihre heimatlichen Gebirgsauen und wünschte sich durch eine künstliche Anpflanzung die Eigentümlichkeit der persischen Landschaft nachgeahmt. Die terrassenförmige, bergige Hänge imitierende Anlage mag dem Wunsch der Perserin am besten entsprochen haben. Eigentlich waren es keine hängenden Gärten, sondern Dach- und Balkongärten. Unter der Gartenanlage befanden sich Palasträume, die von Beamten genutzt wurden. Die Isolierung der Decke erreichte man durch eine Auflage von Schilf und Asphalt, die sich über einem mächtigen Quaderbelag erstreckte. Darunter folgten zwei Ziegelschichten in Mörtel. Die letzte Isolierungsschicht bestand aus einer Bleidecke. Das so gegen das Eindringen der ständigen Feuchtigkeit geschützte Dach oder Gewölbe entsprach nach Koldewey, der als erster die wahrscheinlichen Ruinen der »Hängenden Gärten« freilegte, den babylonischen Baugewohnheiten. Zugleich handelte es sich bei diesem Bau um eine vorteilhafte Form von Temperatur-Isolierung. Die Wirkungen zu hoher Sommertemperaturen wurden gemindert und in den Palasträumen ein erträgliches Klima erzielt. Auf den Isolierungsschichten lagerte eine hohe Erdschicht. In dieser wurzelten dicht gepflanzt die größten und schönsten Bäume. Sie sollen nicht nur einen angenehmen Anblick gewährt, sondern auch ein angenehmes Mikroklima hervorgerufen haben. Schon aus diesen beiden Gründen sollen die »Hängenden Gärten« wahre Ströme von Menschen angezogen haben.

Griechische Geschichtsschreiber zählten die Gärten zu den sieben Weltwundern der Antike. Das mag aus heutiger Sicht übertrieben scheinen, denn es waren ja keine hängenden Gärten. Man muß sich daher in die Zeit ihrer Entstehung zurückversetzen. Inmitten einer ansonsten kargen und trockenen Landschaft errichteten die babylonischen Gärtner in der fruchtbaren Niederung des Euphrat hoch über den Dächern ihrer Hauptstadt einen blühenden Park. Zur Legendenbildung wird außerdem beigetragen haben, daß die Gärten der sagenhaften Königin Semiramis zugeschrieben wurden. Die Gartenanlagen wurden ständig bewässert. Den Wasserbedarf soll ein Kanal gedeckt haben, der vom Euphrat zu den »Hängenden Gärten« führte. Einem griechischen Bericht zufolge wurde das Wasser mittels Schraubenpumpen, die ununterbrochen betätigt

Die »Hängenden Gärten« der Semiramis.
Nachzeichnung

werden mußten, bis zur höchstgelegenen Terrasse befördert. Ein anderer Bericht schildert ein Pumpwerk im Inneren der Baulichkeit, über das das Wasser heraufgezogen werden konnte, ohne daß man außen etwas davon bemerkte.

Wir blicken heute auf die Leistungen einer Epoche zurück, deren wahre Ausmaße wir nur noch erahnen können. Die Landschaften zwischen Euphrat und Tigris (Mesopotamien) sowie des Nils haben die ältesten Hochkulturen der Menschheit hervorgebracht. Mit diesen trat auch der Gartenbau in seine geschriebene Geschichte ein. Der Mythos vom Garten Eden oder vom Paradies gehört dazu. Der Aufstieg eines Gärtners zum Begründer der ersten babylonischen Dynastie von Isin im Jahre 2186 v. Chr., wovon eine Keilschrift berichtet, dürfte sogar wahrhaftig sein. Der Stolz darüber, daß Gärtner auch zur königlichen Würde erhoben wurden, findet sich noch bei Gartentheoretikern des 17. Jahrhunderts n. Chr. angemerkt. Johann Elßholz gehört zu ihnen. Unter Berufung auf römische Schriftsteller verweist er auf ihre Schilderung, wie aus einem armen Gärtner der König zu Sidon wurde. Schließlich sei dem Symbolgehalt der Gestalt des Gärtners gedacht, die dieser im Zusammenhang mit der Auferstehung Christi erlangte. Die Errichtung von paradiesischen Gärten oder solcher Kunstwerke, wie die »Hängenden Gärten«, war sicher nicht nur das Werk von Gärtnern allein. Aber ohne die Gärtner hätte es auch keine »Hängenden Gärten« gegeben.

Neter-Necht
und Nefer-Hetep

DIE ARCHÄOLOGEN DATIEREN die Anfänge von entwickelter Gartenkultur immer weiter zurück. Wurde bislang
angenommen, daß der Bodenbau in Ägypten erst vor 6 000
Jahren begann, muß man inzwischen davon ausgehen, daß an der
Nahtstelle von Nordostafrika und Südwestasien schon vor rund
12 000 Jahren Hirsearten, Hülsenfrüchte, Nüsse und Knollen-
gewächse angebaut worden sind. Ägypten war ein von der Natur
besonders begünstigtes Land. Es wurde dank der eigentümlichen
Beschaffenheit seines Bodens und seines Klimas buchstäblich zur
Gartenkultur gedrängt. Während in anderen Erdregionen das Gartenland dem Urwalde abgerungen werden mußte, tat dies hier der
Nil mit seiner wunderbaren selbsttätigen Arbeit. Entwickelte sich wo-
anders der Oasenbau wüstenumgürteter Länder nur unter Aufbrin-
gung letzter und kollektiver menschlicher Anstrengung, so übernahm hier der Nil Jahr für Jahr die Arbeit, die der Mensch in andern
Orten mit Mühe und Sorgfalt selbst vollziehen mußte, nämlich, dem
Boden die ihm entzogenen Nährstoffe wieder zuzuführen. Der
Schlüssel zum biblischen Gleichnis von den sieben fetten und sieben
mageren Kühen ist die gartenbauliche Abhängigkeit der Ägypter
vom Rhythmus der Nilüberschwemmungen. Joseph weissagte mit
diesem Gleichnis, daß jeweils auf sieben Überflußjahre sieben Hun-
gerjahre folgen, wenn der Nil in regelmäßiger Wiederkehr in seinem
Bett verblieb. Die Vorratswirtschaft, die Joseph daraufhin in Ägypten
einführte, brachte ihm den vom Pharao verliehenen Titel »Zaphe-
nath-Paneah« (das heißt der das Leben Ernährende oder Ernährer
des Landes) ein.

Allerdings eignete sich dieses schmale Tal entlang dem Nil ursprünglich schlecht für die Aufzucht größerer Baumbestände oder

anderer Dauerpflanzen wie in Persien. Nichtsdestotrotz legten die ägyptischen Gärtner im Laufe der Zeit neben Gemüsegärten auch Wein- und Obstgärten an. Die Landhäuser der reichen Ägypter wurden mit Gärten ausgestattet, deren Palmen, Feigen und Akazien ihnen kühlenden Schatten spendeten oder an deren Blumenpracht sie sich erfreuten. Eine Baumart, die in solchen Hausgärten nicht fehlen durfte, war die Sykomore. Sie genoß geradezu göttliche Verehrung. Anfang und Ende des irdischen Daseins wurden mit der Sykomore verbunden. Sie lieferte – oft aus Malachit nachgestaltet – das Zeichen für Baum überhaupt. Diese innige Beziehung des Ägypters zu seinem Baum wird besonders schön in einem Liebeslied zum Ausdruck gebracht, in dem die Tochter des Obergärtners die Hauptrolle spielt und die Sykomore als Freund der Liebenden geschildert wird:

> »Die kleine Sykomore,
> die die Geliebte gepflanzt hat mit ihrer Hand,
> wird auch den Mund öffnen.
> Ihr freudiges Rauschen ist wie
> Bienenhonig.
> Sie ist schön …
> Immer ist sie grün.
> Beladen ist sie
> mit mancherlei Früchten.
> Röter sind die als ein roter Edelstein.
> Ihre Blätter
> haben die Farbe
> der grün-blauen Fayence …
> Sie legt einen Liebesbrief
> in die Hand eines Mädchens,
> der Tochter des Obergärtners und
> läßt sie zur Geliebten laufen:
> ›Komm, sei einen Augenblick unter deinen
> Freundinnen …
> Komm,
> verbring angenehm den Tag …
> Ihr Freund ist auf ihrer rechten Seite.
> Sie veranlaßt,
> daß er betrunken ist,

und folgt dem,
was er sagt ...
Die Schwester scherzet,
aber ich, ich bin verhüllten Leibes,
um nicht durch Worte zu verraten,
was ich von ihnen gesehen habe.‹ «[5]

Die Sykomore wird in der Literatur einmal als gemeiner Ahorn (*Acer pseudoplatanus*) beschrieben, zum anderen – und dies stünde der Beschreibung in dem Liebeslied näher – als Maulbeerfeigenbaum oder Eselsfeige (*Ficus sykomorus L.*). Dieser erreicht eine Höhe von 12 bis 15 Metern, über einem sehr dicken Stamm entwickelt sich eine große, weite, schlaffe Krone mit eirunden, herzförmig-eckigen, auf beiden Seiten glatten Blättern und in Doldentrauben zusammenstehenden Früchten. Diese, auch Maulbeerfeigen, Pharaofeigen, Adamsfeigen und ägyptische Feigen genannten Früchte sind zwei bis drei Zentimeter lang, birnenförmig, schmutzig-weiß und grün gestreift, mit vielen lanzettlichen, blaßroten Schuppen besetzt, schmecken süß und würzig. Das sehr dauerhafte Holz diente zur Anfertigung der Mumiensärge. Die Sykomore, verschiedene Palmenarten und eine Akazie ersetzten, in einer großen Anzahl von heiligen Hainen zusammengefügt, den natürlichen Waldmangel Ägyptens.

Außer der Sykomore wird in Grabinschriften der Yschitbaum besonders erwähnt. Er war ein heiliger, hochverehrter Fruchtbaum, dessen Herkunft bislang nicht sicher bestimmt werden kann. Der Yschitbaum galt als Baum der Geschichte, auf dem die Götter den Namen und die Taten der jeweiligen Könige (Pharaonen) einritzten. Für die Zeit um 1500 v. Chr. weisen Grabinschriften etwa 20 verschiedene Baumarten aus, die in den 42 heiligen Hainen Ober- und Unterägyptens gepflegt wurden. Neben solchen Baumgärten wurde Wein angebaut. Ägypten gilt als das älteste Weinanbaugebiet der Erde. Den Abbildungen zufolge scheint man den Wein in Lauben gezogen zu haben, indem man Pflöcke in den Boden trieb und darüber Querbalken legte. Dies veranschaulicht auch die älteste Hieroglyphe für Wein. Später begann man statt der rohen Holzpflöcke Säulen aufzustellen, aus denen die schönen, reich bemalten Säulenpergolen hervorgingen. Andere Gartenschöpfer näherten die Anordnung der Säulen wieder der runden Form der

Opferprozession mit Gartenfrüchten.
Relief am Totentempel
der Hatschepsut in Theben,
um 1500 v. Chr.

Weinlauben an. Die Weinlaube blieb lange Zeit Mittelpunkt und Hauptsache aller ägyptischer Gartenanlagen.

Die ägyptischen Gärtner bauten schließlich eine Fülle von Gemüsen an. Opfertische, auf denen dichtgedrängt Gemüsekörbe stehen, und Festzüge, in denen Gärtner beladene Fruchtkörbe auf den Schultern tragen, sind überliefert. Auch Darstellungen von Gemüsegärten selbst, wie die in etwas ungeschickter Perspektive gezeichneten, mit einem grünen Gemüse bepflanzten quadratischen Beete des Bein Hassan, bezeugen eine reiche, produktive ägyptische Gartenkultur. Ein in rundem Bassin endender Kanal ist von grünen Ranken umgeben. Daneben sind zwei Gärtner (oder, sollte man richtiger sagen: zwei Gärtner-Sklaven) damit beschäftigt, Wasser zu schöpfen und es über die Beete auszuleeren. Die Gärtner im Ägypten der Pharaonen müssen unter den Sklaven eine bevorzugte Stellung eingenommen haben. Wie könnte man sonst erklären, daß auch die Namen von zwei Gärtnern in die Wände der Grabkammer eines reichen Ägypters für alle Ewigkeit eingegraben sind: Neter-Necht und Nefer-Hetep. Es ist die Zeit der ersten Blüte des Alten Reiches (2800–2250 v. Chr.). Die Gräber sind wahre Denkmäler der ägyptischen Geschichte. Sie gestatten Blicke in die damaligen Lebensverhältnisse der Ägypter, ihre Künste und Handwerke, ihren Götter- und Totenkult. Die bildliche Darstellung gärtnerischer Tätigkeit findet man auch noch in den späteren ägyptischen Reichen in viel größerer Fülle vor als in der griechischen oder römischen Antike. Früheste Wiedergaben von Kübelgewächsen, Weinernte, schachbrettartige Zeichnungen von Gemüsebeeten und Gärtner, die das Land bewässern, sind, auf dem Bild von El Bersheh vereint, das ebenfalls im Alten Reich entstanden ist.

Der ägyptische Gärtner hatte drei Dinge zu beachten: Er mußte für eßbare Früchte sorgen, hatte Holznutzung zu gewährleisten und schließlich schattige Plätze in den Gärten herzustellen. Die bildlichen Darstellungen in der IV. und V. Dynastie des Alten Reiches (2900–2270 v. Chr.) lassen den Schluß zu, daß Früchte in spezialisierten Baum-, Wein- und Gemüsegärten erzeugt wurden, obwohl die Bilder mehr die Einzelarbeit im Garten als geschlossene Anlagen zeigen? Von den Gemüsen, die angebaut wurden, sind Artischocken, Bohnen, Erbsen, Linsen, Rettich, verschiedene Kohlarten und Salat häufig erwähnt. Mit besonderer Vorliebe genoß man die Zwiebel. Zwiebelerntende und zwiebelbündelnde Gärtner

Jagd- und Ernteszenen mit Keltern,
Vogel- und Fischfängern.
Wandmalerei aus dem Grab des Nakht in Theben,
um 1400 v. Chr.
Nachzeichnung von F. S. Unwin

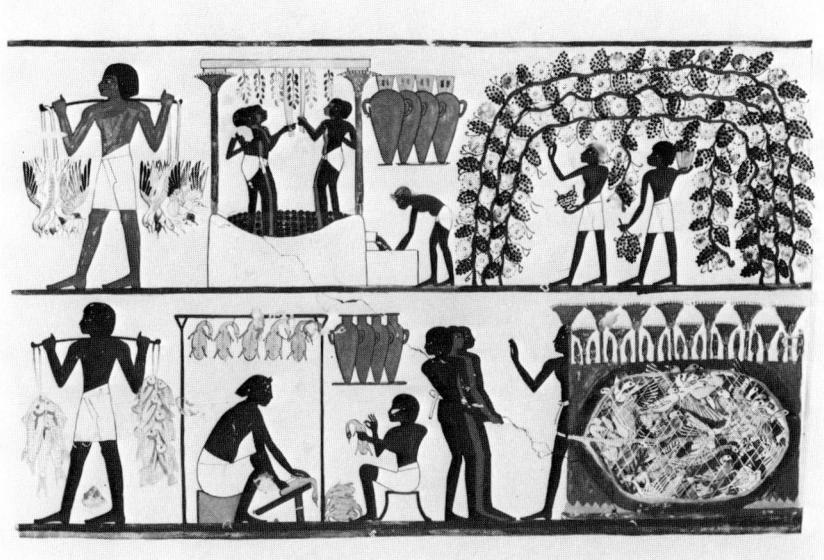

waren ein oft verwendetes Motiv der Grabmalereien. Dank Grabmalerei und Grabinschriften hinterließen die ägyptischen Künstler der Nachwelt akribisch genaue Zeichnungen von gärtnerisch angebauten Früchten. Selbst kleine unterscheidende Artenmerkmale sind zu erkennen. Zu den besten Belegen gehört der sogenannte Gabenkorb aus dem Grabe Nr. 17 in Saqqarah. In ihm sind oben zwei Melonen (*cucumis melo*) zu erkennen, darunter zwei Artischocken, eine Aggourgurke (*cucumis chate*), ein Libationsgefäß (Opferschale) und Eselsfeigen (*ficus sycomorus*). Die bekanntgewordenen Pläne und die bildlichen Darstellungen von ägyptischen Hausgärten zeigen meist eine rechteckige Grundform mit achsensymmetrischen Entsprechungen. Überwiegend waren es zweckmäßig kombinierte Nutz- und Erholungsgärten. Blumenbeete, baumbestandene Alleen, Wasserbecken und der orientalische Kiosk oder die Weinlaube belebten die Gartenanlagen. Derartige Gärten ließen sich die Vertreter der herrschenden Kaste, Beamte, Priester, Angehörige des Adels, einrichten. Eine der schönsten, ästhetisch anmutigsten Gartendarstellungen, stammt von einem hohen Beamten des Pharao Amenophis III., der von etwa 1405 bis 1370 v. Chr. regierte. Dieser Hausgarten ist von einer Mauer umgeben. Entlang dieser Einfriedung befindet sich eine schattenspendende Baumreihe. Im Zentrum erkennt man einen Weingarten, links vom Zentrum das Haus des Beamten. Es wird von Dattelpalmen und verschiedenen anderen Bäumen umrahmt. Auf vier quadratisch angelegten Teichen schwimmen Wasserlilien und Wasservögel. An zwei Weiher lehnen sich Gartenhäuschen an. Die einzelnen Gartenareale sind außerdem von Papyrosstauden umgeben. Das Gesamtbild des Gartens spiegelt nicht zuletzt ein ausgewogenes Verhältnis von Nutz- und Ziergarten. Die am Nil gelegenen Palastgärten der Könige waren in der Regel durch Treppen mit den Bootsanlegeplätzen am Nilufer verbunden.

Die ägyptische Stromkultur war ebenso wie jene von Euphrat und Tigris von einer entwickelten Wasserwirtschaft abhängig. Der Gartenbau war insofern auf Gedeih und Verderben mit dem Nil verbunden. Der ägyptische Gärtner mußte daher bis zu einem bestimmten Grade auch Bewässerungstechniker sein. Es ist auch nicht auszuschließen, daß er Bewässerungstechnologie mit befördert hat. Bewässerung aus Brunnen und Quellen ergänzte die Bewässerung aus Rückhaltebecken und Kanälen. Man erfand etwa ab

Der Garten eines hohen Beamten
des Pharao Amenophis III.,
um 1400 v. Chr.

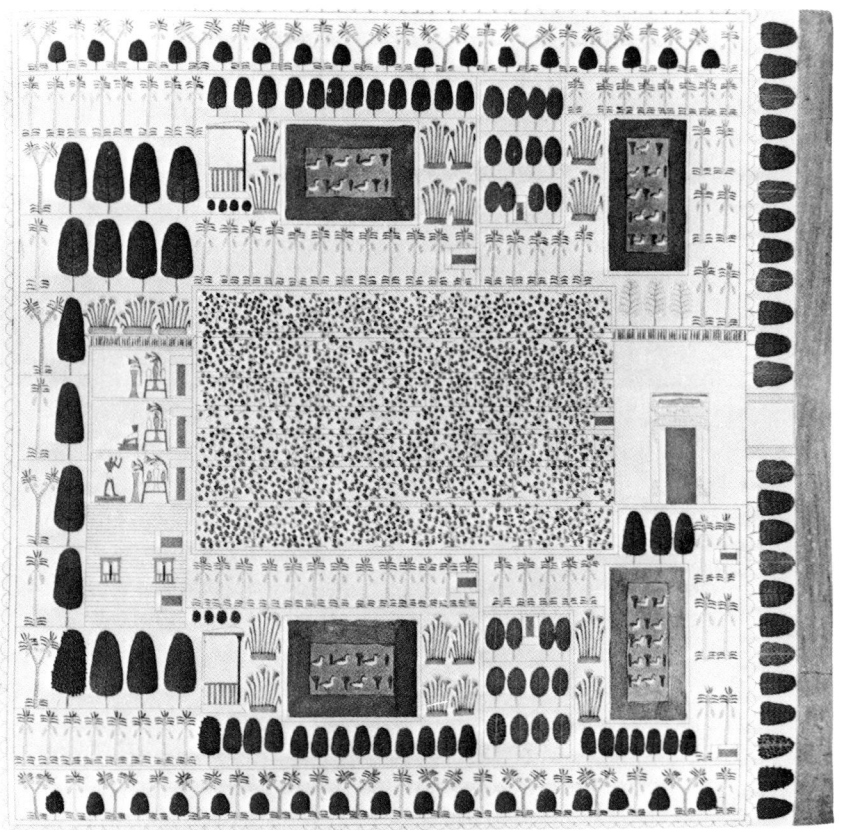

1580 v. Chr. den Hebelarm, um Wasser aus der Tiefe zu heben. Der Schadûf, der Schwungeimer, soll schon in der III. Dynastie vorkommen. Er ist leistungsfähiger als jede andere damalige Hebeeinrichtung. Im Babylon der akkadischen Periode (etwa 2400 bis 2200 v. Chr.) ist die Existenz des Schadûf zur Bewässerung von Bäumen durch einen Siegelzylinder nachgewiesen. Mächtige Dämme, Schleusen und Kanalsysteme haben die ägyptischen Ingenieure errichtet. Schutzdämme von 40 Kilometer Länge verwandelten eine Fläche von 10 000 Quadratkilometern in fruchtbaren Acker- und Gartenboden.

Der ägyptische Gärtner war natürlich in ein gesellschaftliches Beziehungsgefüge integriert, dessen tragende Säulen die Beamten und Priester waren. Dazu gehörten die Schreiber, die über die Ertragshöhen wachten, die Priester, die die 20 Nilometer beobachteten, um rechtzeitig Hochwasserwarnungen weitergeben zu können, und die Aufseher der Domänen. Mit dem Zerfall des ägyptischen Reiches erlangte die Priesterschaft die bis dahin größte Machtfülle. Sie griff tief in das Wirtschaftsleben ein und nahm die Ökonomie in die eigenen Hände. Das führte unter dem Dach der Tempel zu einer zeitweiligen Begünstigung der für die Priesterschaft tätigen Berufsgruppen, vor allem zu Steuerbefreiungen. So wurde zum Beispiel allen im Tempelbetrieb des Abydostempels vertretenen Berufen die Steuer per Dekret erlassen. Unter diesen befanden sich Fischer und Vogelsteller sowie Gärtner, Imker und Weinbauern.

Ägypten, Mesopotamien, China und Indien erreichten etwa zu gleicher Zeit ähnliche Entwicklungsstufen. Es sind jene Gebiete, zwischen Nordafrika, Mittel- und Ostasien, später dann auch Nordeuropa, auf die sich der größte Teil der Geschichte der letzten zweieinhalbtausend Jahre konzentrierte. Von dort ausgehend wurden wiederum andere Länder befruchtet. Schließlich war erst ein halbes Jahrtausend vergangen, als die Hochkulturen der Neuen Welt in die Weltgeschichte eintraten und trotz ihrer Zerstörung ein gewaltiges Erbe an gartenkultureller Leistung der Menschheit zueigneten.

Bewässerung eines Gartens mit einem Shadûf.
Wandmalerei aus dem Grab des Ipui
in Deir El-Medina,
um 1250 v. Chr.
Nach einer Zeichnung von Garis Davies

Dionysos –
Gott der Gärtner
und Winzer

D IE MYTHOLOGISCHEN ÜBERLIEFERUNGEN der vorwiegend im ionischen Dialekt abgefaßten Homerischen Epen (8. Jahrhundert v. Chr.) schildern bereits eine fortgeschrittene griechische Gartenkultur. So ist der Vater des Odysseus, der greise Fürst Laertes, in allen Zweigen der Gartenbestellung wohlerfahren. Auch in der Ausnutzung des Bodens ist man bei einer entwickelten Gartenkultur angelangt. In der Ilias ist die Erde die »vielernährende«, die aber diese natürliche Potenz nur preisgibt, wenn der Mensch für die Erhaltung und Vermehrung der Bodenfruchtbarkeit durch sorgfältige Düngung und Bodenbearbeitung sorgt. Die Ausbreitung der griechischen Polis (Stadtrepublik) ist identisch mit der Verwandlung von »Unland und Wald« in Kulturland, in gepflegte Fruchtgärten und Ackerfluren. Die Zucht von Obstbäumen, ein Kriterium entwickelter Gartenkultur, findet man in der Ilias vom Obst- und Weinbau bis zur Ölkultur beschrieben.

In der griechischen Mythologie läßt Gaia, die gute Mutter aller Götter und alles Lebendigen, Erhalterin und Ernährerin aller irdischen Geschöpfe, am Ende der Welt neben dem Okeanos jenen von den Hesperiden bewachten Wunderbaum mit den goldenen Äpfeln wachsen. In der epischen Umgestaltung der mythologischen Überlieferung ist dem Helden Herakles als elfte Arbeit auferlegt, aus den Gärten der Hesperiden diese goldenen Äpfel zu holen, die einst die Zeus-Gattin Hera von Gaia als Hochzeitsgeschenk erhalten hatte. Dabei mußte er sowohl die Hesperiden, Töchter des Atlas und der Hesperis, als auch den hundertköpfigen, wachsamen Drachen Ladon überlisten. Die griechische Legende von den Hesperiden-Äpfeln vermittelt zu vorausgegangenen Überlieferungen orientalischen Ursprungs. Dort waren es die Früchte vom Baum

König Arkesilos II. überwacht
das Abwiegen und Verpacken der Heilpflanze Silphion.
Griechische Schale aus Lakonien,
um 560 v. Chr.

des Lebens. Goldene Äpfel sind noch weiteren Gestalten der griechischen Mythologie zugeordnet, den Göttinnen Eris (Göttin der Zwietracht und der Eifersucht) und Aphrodite (Göttin der Schönheit und der Liebe).

Dem Gott Dionysos wird zugeschrieben, daß er den irdischen Apfelbaum erschaffen hat und ihm überhaupt die Obhut über die Bäume, besonders über die kultivierten und veredelten, oblag. Er gilt ferner als erster Pflanzer des Weinstocks und erster Weinbereiter (Winzer). Den Griechen lehrte er, daß die Früchte in Feld und Garten nur im Frieden gedeihen. Der Dionysos-Kult förderte Liebe, Gesang und Geselligkeit. Dionysos war Symbol der Zeugungskraft. Nur durch ihn, so glaubten die Griechen, wurde die Natur immer wieder zu neuem Leben erweckt. Das ganze elementare Schaffen der auf Boden- und Gartenbau beruhenden griechischen Wirtschaft war mit dem Wirken von Dionysos verbunden, erst als römischer Bacchus (lat.) kommt er fast nur noch als Sorgenbrecher vor. Dieser unmittelbare Bezug des Gottes zu den Boden- und Gartenbauern, verbunden mit einer unbändigen Lebenslust, hat seine Volkstümlichkeit begründet und zu einer Verehrung beigetragen, die weit über die Grenzen der griechischen Stämme und Staaten hinausreichte. Keine zweite griechische Gottheit erlangte eine derartige Popularität.

Die auf Garten-, Feld- und Viehwirtschaft (Ziegen und Schweine) beruhende Polis produzierte ursprünglich überwiegend für den Grundeigentümer im Rahmen einer geschlossenen Hauswirtschaft. Im Verlaufe der weiteren Entwicklung des gartenmäßigen Anbaus und durch Erweiterung der Bedürfnisse der Grundherren kam es allmählich zur Differenzierung der Produktion mit vielfältigen Konsequenzen. Die Spezialisierung auf marktorientierte Gartenpflanzen führte schließlich zu einer Produktivitätssteigerung, die es Sklaven ermöglichte, Teile des Grundbesitzes eigenständig zu unterhalten. So ist durch Homers Odyssee übermittelt, daß der Sklave Dolios mit seiner zahlreichen Familie einen Weinberg bewirtschaftete. Allerdings erfahren wir aus dem Epos nichts über die Bedingungen der Überlassung von Grundeigentum an Sklaven. Einziger Hinweis ist die Überlassung von Grundeigentum für geleistete Dienste. Dies kann dem sozialen Aufstieg in die Klasse der Hörigen (in Abhängigkeit geratene Freie) entsprochen haben. Die griechische Polis war auf Harmonisierung sozialer Gegensätze be-

Blumenmarkt im klassischen Athen.
Holzschnitt nach einem Gemälde von Paul Thumann,
1880

dacht. Das Homerische Idealbild griechischer Ökonomie ist daher »die Freude im Herzen«, die Grundeigentümer und Sklave bei der gemeinsamen Garten- und Feldarbeit empfinden. Der griechische Grundherr war nicht nur Krieger und der griechische Sklave konnte auch Kolone oder Kleinpächter sein. Der Gärtner gehörte neben Hirten und Feldarbeitern, Ärzten, Lehrern, Erziehern und Ammen zu jenen Sklaven, die im Haushalt beschäftigt wurden. Sie führten in der Regel (juristisch) keinen Eigennamen, sondern wurden nach Herkunftsland oder dem Grundherrn benannt. Haussklaven waren durchaus keine willenlosen Geschöpfe, wenn es um ihre beruflichen Kompetenzen ging.

Das Produzieren der Hauswirtschaften für den Markt trieb die Arbeitsteilung und Spezialisierung in diesen immer weiter voran. Welche Ausmaße die Differenzierung im 5. und 4. Jahrhundert v. Chr. erreicht hatte, kann man zum Beispiel bei den Dichtern Aristophanes und Xenophon oder in den Schriften des Athener Redners Lysias und anderer Zeitgenossen nachlesen. Über zwanzig Gewerbe werden erwähnt. Nimmt man die weiterführende Spezialisierung hinzu, so kommt man rasch auf die dreifache Zahl. Allein die Schmiede weisen nochmals 8 Spezialrichtungen auf: Kupfer-, Messer-, Klingen-, Helm-, Harnisch-, Schilder- und Sichelschmied. Der Gärtner ist zwar aufgrund seines Verbleibs in der griechischen Hauswirtschaft als Gewerbe nicht gesondert ausgewiesen (ausgenommen der Sklave Dolios), jedoch kann man ausgehend vom spezialisierten Kleinhandel auf einen ebenso differenzierten, arbeitsteiligen und spezialisierten Gartenbau schließen. Der Markt wurde mindestens von Gemüse-, Wein-, Oliven-, Obst- und Blumenzüchtern bedient. Auf der Athener Agora, dem Marktplatz zu Füßen des Akropolisfelsens, boten nach Erwähnungen in Komödien von Aristophanes, Eupolis, Nikophon, Kratinos und Hermippos folgende spezialisierte Händler ihre Erzeugnisse respektive Waren an:

Zwiebelhändler	Blumenhändler	Lederhändler
Feigenhändler	Kranzhändler	Harnischhändler
Mehlhändler	Samenhändler	Helmbuschhändler
Brothändler	Gemüsehändler	Messerhändler
Kuchenhändler	Gewürzhändler	Löffelhändler
Erbsbreihändler	Knoblauchhändler	Siebhändler

Honighändler	Weihrauchhändler	Nadelhändler
Käsehändler	Myrrenhändler	Wollhändler
Wursthändler	Parfümhändler	Opferbindenhändler
Fischhändler	Ölhändler	Amuletthändler
Sardinenhändler	Arzneihändler	Geflügelhändler
Schweinehändler	Holzkohlehändler	Vogelhändler.[6]

An Gemüsen zogen die griechischen Gärtnersklaven Lauch, Knoblauch und Zwiebeln heran. Sie kannten eine Art Kohl, Kürbisse, Gurken, Melonen, Hülsenfrüchte und Lattich (Kopfsalat), Melde, Mangold, Portulak, Rettich, Meerrettich sowie rote und weiße Rüben, Artischocken und Sellerie. Blumen wie Rosen, Levkojen, Goldlack, Narzissen, Lilien, Mohn, Schwertlilien, Rittersporn, Hyazinthen, Veilchen, Krokus, Gartenanemonen, Adonis und Asphodelus aus der Familie der *Liliaceen* finden Erwähnung. In der Odyssee wird häufig der Asphodeluswiesen gedacht, als eines Aufenthaltsortes der Seelen, wo Minos Gericht hält. Verbreitete Zierbäume waren die Platane (Lieblingsbaum der Antike), der Lorbeer, die Echte Kastanie, Ulme und Eiche. Hinzu kamen die kleineren Ziergewächse Myrte, Granatapfelbaum, Rosmarin und der Efeu.

Nach den Feldzügen Alexanders des Großen (3. Jahrhundert v. Chr.), der Persien erobert hatte und bis Indien vorgestoßen war, wurde die griechische Gartenkultur durch orientalische Einflüsse neu belebt, luxuriös erweitert und verfeinert. Die Zahl der Gewürzkräuter nahm etwa den Umfang an, den später auch die Römer kannten. Fast alle werden noch heute in der Küche oder medizinisch verwendet. Aus Kleinasien kam der Safran, von Südasien Kassia und Cinnamomum (gemeiner oder echter Zimmtbaum), Kubebenpfeffer, Nelken und schwarzer Pfeffer, aus dem mittleren Osten *Asa foetida* (Stinkasam). In der ersten wissenschaftlichen Pflanzengeographie, die der Freund und Schüler des Aristoteles, Theophrast von Eresos, geschrieben hatte, erhalten wir die erste eingehende Mitteilung über die Herkunft vieler Gewürze, die auf ältere Informationen und auf die Berichte über die Kriegszüge Alexanders des Großen zurückgehen. Zur Kultivierung von Gewürz- und Heilpflanzen legten die Griechen bereits botanische Gärten an. Um 50 n. Chr. faßte der griechische Arzt Dioskurides Pedanios aus Anazarbos alle bis dahin bekannten Gewürz- und Heilpflanzen in seiner Schrift »Über Arzneistoffe« zusammen. Sie galt noch das ganze Mittelalter hindurch als das Standardlehrbuch für die Pharmakologie.

Obwohl der Nutzgarten das bestimmende Element der griechischen Gartenkultur war, hatten die Griechen lange vor Alexander dem Großen einen Sinn für den Ziergarten herausgebildet. Die bemerkenswertesten Berichte über griechische Nutz- und Ziergärten wurden um 950 unter dem Namen »Geoponika« zusammengefaßt. Es handelt sich vor allem um Exzerpte aus der verloren gegangenen Enzyklopädie des Cassianus Bassus (um 550), der selbst auf ältere griechische Garten- und Bodenbauschriftsteller zurückging. Die Geoponika enthält Nachrichten über Treibhäuser für Zitrusfrüchte, Ölbaumkulturen und Weinbau; auch folgende Ratschläge zur Anlegung eines Ziergartens findet man in der Sammlung: »Der Garten (paradeisos) muß so liegen, daß man ihn von der Villa aus sehen, sich an seinem Anblick laben und die durch den Blumenduft gewürzte und dadurch gesündere Luft atmen kann. Er muß von einer Mauer oder anderen Umzäunung eingefaßt sein. Die Pflanzen selbst dürfen nicht unordentlich gemischt gepflanzt werden, als wenn gerade die Verschiedenheit angenehm ins Auge fiele, sondern sie müssen nach den verschiedenen Arten getrennt stehen, damit nicht die kleinen von den großen gedrängt oder der Nahrung beraubt werden. Die Räume zwischen den Bäumen müssen mit Rosen oder Lilien oder Veilchen oder Safran ausgefüllt sein. Diese gewähren einen lieblichen Anblick, Wohlgeruch, sind auch sonst zu brauchen, vermehren auch die Einkünfte und geben den Bienen Nahrung. Die Bäume müssen von Bäumen stammen, die in voller Kraft stehen; doch muß man im voraus wissen, daß die aus Samen gezogenen in der Regel schlechter sind als die von Ablegern stammenden. Noch besser als diese sind aber die veredelten, nicht bloß in betreff der Schönheit der Früchte, sondern auch an Fruchtbarkeit und baldigen Ertrag.«[7]

Der griechische Dichter Sophokles (496–406 v. Chr.) besingt in seiner Tragödie »Ödipus auf Kolonos« die Umgebung des klassischen Athens als Gartenlandschaft, in der Wein, Blumen und der Olivenbaum gedeihen. Athen selbst wird als eine Gartenstadt beschrieben. Kleinere Gärten schmückten die Peristylhöfe der Privathäuser. Zwei öffentliche Gartenanlagen sind überliefert, in denen Persönlichkeiten, die sich um den griechischen Staat verdient

Die Schule der Philosophen in Athen.
Römisches Mosaik, 1. Jh. n. Chr.
Archäologisches Nationalmuseum, Neapel
Der Garten ist in der Antike
auch Stätte der philosophischen Unterweisung
und des Disputes

gemacht hatten, Denkmäler errichtet worden waren. Der eine befand sich in der Nähe der Akademie, dem Ort, an dem Platon in seinen Gärten die Schüler versammelte. Der andere lag am Lykeion, wo Aristoteles lehrte. Die beiden Gartenanlagen waren durch gerade Wege und Alleen regelmäßig gegliedert, verfügten über Plätze für körperliche Übungen, grüne Rasenflächen, Altäre und Statuen. Platanen, Terebinthen, Ulmen und Ölbäume bildeten schattige Haine.

Die Stätten der philosophischen Lehre und Unterweisung scheinen die Griechen als eine besondere Ziergartenform kultiviert zu haben. Das griechische Wort für Garten »Kepos« übertrug man sogar auf die Philosphenschule des Epikur, als dieser sie 306 von Mytilene auf Lesbos nach Athen verlegt hatte. Ähnliche Dimensionen wiesen die Gärten der olympischen Götter auf, die ursprünglich verschiedenen Gottheiten geweihte heilige Haine waren, und später, mit zahlreichen Götterbildern ausgestattet, zu parkähnlichen Anlagen umgestaltet wurden. Auch diese dienten Spielen und Wettkämpfen. Die bekanntesten Haine oder Parkanlagen sollen die der Palaistren und Gymnasions von Pergamon sowie die Akademie des Platon in Athen gewesen sein. In hellenistischer Zeit beeindruckte besonders Alexandria, wo ein Viertel der Stadtfläche mit Gärten bedeckt war, und das »Vierstädtegebiet« (Tetrapolis) des hellenistischen Ostens in Nordsyrien. Von den vier Städten Pieria, Antiochia, Laodikia und Apamia ragte die Residenzstadt Antiochia heraus. Dort befand sich der legendäre Park »Daphne«, ursprünglich ein Tempelhain. Nach den Feldzügen Alexanders des Großen wurden Bäder, Lust- und Gasthäuser errichtet, Baumalleen und Blumenrabatten angelegt. Kunstvoll gewölbte Grotten, künstlich aufgetürmte Felshänge, die man mit Efeu, Platanen und Lorbeer bepflanzt hatte, zierten den Park.

Auf die Griechen geht auch die Erfindung respektive die Vorwegnahme der Prinzipien mechanischer Gartenwerke und Springbrunnen zurück. Sie stammen von dem griechischen Ingenieur, Mathematiker und Vermessungstechniker Heron dem Älteren (um 115 v. Chr.) aus Alexandria. In seinem Werk »Pneumatica« beschreibt Heron die Funktionsweise mechanischer Maschinen und Modelle, die mit Gewichten, Dampf, Druckluft oder Wasser angetrieben werden. Sie bilden die Grundlage seiner kunst- und phantasievollen Wasserspiele, Fontänen und Springbrunnen. Der Heronsball sowie

Mechanische Gartenwerke:
Heronsball, um 115 v. Chr. (links),
Verwendung als Spritzflasche, 20. Jh. (mitte),
Verwendung als Spritzgerät, Frankreich,
Ende 19. Jh. (rechts)

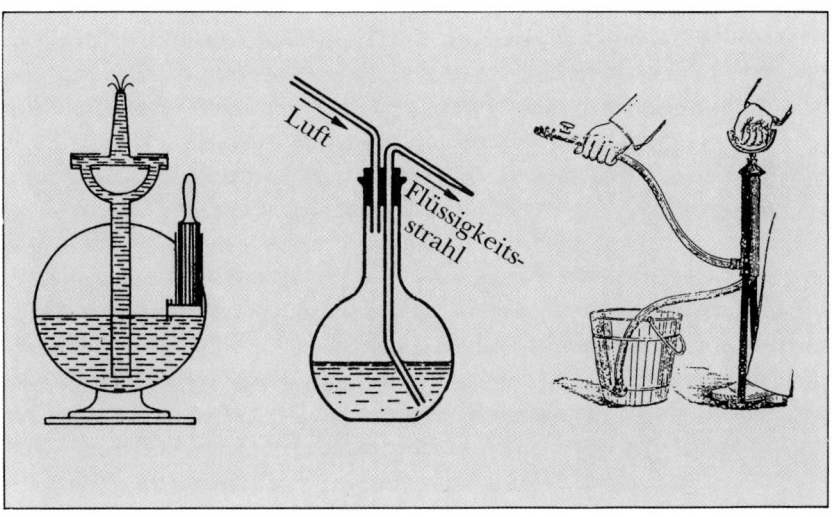

der Heronsbrunnen und die Aeolipile sind nach ihm benannt. Der Heronsball ist noch heute als Spritzflasche in Gebrauch. Der nach demselben Prinzip konstruierte Springbrunnen wurde aber erst im 16. Jahrhundert in der Villa d'Este realisiert, nachdem Herons »Pneumatica« 1575 in lateinischer Sprache und 1589 in einer ersten italienischen Übersetzung den Renaissancegärtnern bekannt geworden war.

Die Aeolipile oder Aeolusball wird als der älteste Versuch angesehen, das Prinzip der Dampfmaschine vorwegzunehmen. Im Unterschied zum Prinzip des Heronballs fand der Aeolusball keine praktische Anwendung in der Geschichte der Gartenkultur. Die meisten Konstruktionsanleitungen, die Heron verfaßte, dienten dem Vergnügen an mechanischen Geräten, nicht aber zur Konstruktion von Arbeitsmaschinen.

Wie entwickelt sich der Gartenbau in einer bestimmten Epoche in den jeweiligen Hochkulturen darstellt, ist sicher erst im Vergleich mit nachfolgenden oder vorausgegangenen Entwicklungsstufen erkennbar. Über eine lange Zeit nehmen sich zum Beispiel die griechischen Ziergärten eher bescheiden aus. Die in der Geoponika beschriebenen Gärten, die durch Teiche, Wasserkünste und plastischen Schmuck belebt wurden, kamen frühestens durch persischen Einfluß seit der zweiten Hälfte des 5. Jahrhunderts v. Chr. auf. Die üppigste Prachtentfaltung wurde unter den Erben Alexanders des Großen, den hellenistischen Herrschern, erreicht. Durch die Auswanderung von Griechen in die eroberten Gebiete setzte andererseits ein starker Rückstrom von Garten- und Feldpflanzen sowie von Gartenkunst in die griechischen Stammlande ein. 200 Jahre nach Alexanders Tod wurde der größte Teil der hellenistischen Welt bereits von den Römern regiert. Aber die griechische Sprache und die Kultur der Griechen lebte unter den neuen Herrschern fort.

Der römische Gärtner:
syrischer Sklave

DIE RÖMISCHE GARTENKULTUR hat sich an der griechischen orientiert. Von den Griechen übernahmen die Römer die gymnastischen Anlagen, den öffentlichen Volkspark (zum Beispiel im Marsfeld verwirklicht), die Villengärten und den Gartenhof, die Terrassengärten und den altorientalischen Dachgarten. Während bei den Griechen Nutz- und Ziergärten noch fließend ineinander übergingen, grenzten die Römer sie zueinander ab und entwickelten als erste in der Gartenkulturgeschichte den Gartentyp Luxusgarten. Dieser nach künstlerischen Gesichtspunkten angelegte Garten wurde das Vorbild für jede spätere künstlerische Gestaltung von Ziergartenanlagen. Den römischen Ziergarten beherrschte eine verschwenderische Prachtentfaltung. Mitunter erreichten die Anlagen beträchtliche Ausmaße. Derartige Dimensionen traten erst wieder in späteren Gesellschaftsepochen beim Hochadel, in der Großkaufmannschaft und beim Großgrundbesitzer auf.

Dem Trend zum Luxuriösen unterlag auch der Villengarten. War in der griechischen Villa das Atrium vom Rauch des Herdfeuers geschwärzt, verwandelte es sich unter den Römern in einen Empfangsraum, der in seiner Mitte unter der Lichtöffnung ein kleines Wasserbassin zur Aufnahme des vom Dach zusammengelaufenen Regenwassers aufwies. Den Villeninnenhof schmückten die Römer mit Grasflächen, mit blühenden Blumen, Zierwasserecken und Springbrunnen. Außerhalb der Villen und Wohnpaläste erstreckten sich dann in die umgebenden Wiesen, Felder und Wälder hinein jene Luxusgärten, die auf diese Weise ein landschaftsbestimmendes Element der römischen Antike wurden.

Der römische Beamte und Schriftsteller Plinius d. J. hat mit der Be-

schreibung seiner eigenen Villa in Tuscien den römischen Gar-
tenkünstlern ein Denkmal gesetzt: »Das Landhaus liegt am Fuße
eines Hügels und schaut doch gleichsam von oben in die Welt; so
sanft und gemächlich geht es bergan in unmerklicher Steigerung,
daß man nicht zu steigen meint und es erst merkt, wenn man oben ist.
Im Rücken hat es den Appenin, aber doch in ziemlicher Entfernung;
von ihm erhält es selbst bei heiterstem, ruhigstem Wetter frischen,
doch nicht scharfen, ungestümen, sondern eben durch die Entfernung geschwächten, gemilderten Wind. Ein großer Teil der Baulichkeit blickt nach Süden und lockt gleichsam die Sonne in die breiten,
vorgelagerten Arkaden, im Sommer von der sechsten Stunde ab, im
Winter wesentlich früher. Diese bergen vielerlei Anbauten, auch
einen Empfangsraum, wie es bei den Alten üblich war«.[8]

Zu Plinius' Villa gehörten zwei Gärten, die dieser in ebenso sorg-
fältig stilisierten Schilderungen seinen Zeitgenossen gegenüber öf-
fentlich macht. Über den Hauptgarten am Haus teilt er mit: »Vor den
Arkaden eine Terrasse, in Blumenbeete von vielerlei Gestalt aufge-
teilt, von Buchsbaumhecken eingefaßt; weiterhin ein sanft abfallen-
der Rasenteppich, in den der Buchsbaum paarweise einander ge-
genüberstehende Tiergestalten eingezeichnet hat; beim Übergang
in das Flachland geschmeidiger, beinahe möchte ich sagen: wogen-
der Akanthus. Den Rasenteppich umzieht eine von niedrigem, man-
nigfach zugestutztem Buschwerk eingefaßte Promenade; zur Seite
eine zirkusförmige Allee, die um vielgestaltigen Buchsbaum herum-
führt. Das Ganze ist von einer Lehmmauer eingefriedet, die von
einer treppenförmigen Buchsbaumhecke verdeckt und den Blicken
entzogen wird. Dahinter eine Wiese, nicht weniger hübsch in ihrem
urwüchsigen Zustand als obige Dinge in ihrer Künstlichkeit; dann,
weiter weg, Felder, wieder viele Wiesen und Jungholz.«[9]

Der zweite große Gartenkomplex ist das Hippodrom, die Reitbahn: »Sie ist in der Mitte offen und bietet sich sogleich beim Ein-
treten den Augen in ihrer ganzen Ausdehnung dar. Sie ist von Platanen eingefaßt; diese sind mit Efeu bewachsen und grünen oben
mit ihrem eigenen, unten mit fremdem Laub. Der Efeu überwu-
chert Stamm und Äste und verkettet mit seinen Ranken die be-
nachbarten Platanen miteinander. In den Zwischenräumen steht
Buchsbaum; die äußeren Buchsbaumstauden flankiert Lorbeer
und vereinigt seinen Schatten mit dem der Platanen.

Dieser gerade Grenzrain der Reitbahn biegt gegen sein Ende hin

Römischer Garten.
Freskomalerei an der Villa der Kaiserin Livia,
1. Jh. n. Chr.
Eines der typischen Gartenbilder
auf den Mauern vor den echten Gärten

in einen Halbkreis ein und verändert auch sein Aussehen. Er wird hier von Zypressen eingefaßt und bedeckt, wegen des dichteren Laubes schattiger und dunkler; an den inneren Baumreihen – es sind nämlich mehrere – empfängt er reinstes Tageslicht. Daher läßt er hier sogar Rosen gedeihen und vertauscht schattige Kühle mit wohltuendem Sonnenschein. Am Ende dieser bunten, abwechslungsreichen Krümmung wird er wieder schnurgerade, ist aber jetzt kein einfacher Pfad, denn er teilt sich hier in mehrere Steige, die durch dazwischenstehenden Buchsbaum voneinander getrennt sind. Hier und da tritt eine kleine Rasenfläche dazwischen, dann wieder Buchsbaum allein, zu tausenderlei Gestalten verschnitten, manchmal zu Buchstaben, die bald den Namen des Herrn, bald den des Gartenkünstlers nennen; abwechselnd erheben sich kleine Pyramiden und fügen sich Obstbäume ein, inmitten städtischer Verfeinerung unversehens gleichsam eine Anspielung auf unverfälschtes Landleben. Der Mittelraum ist auf beiden Seiten mit niedrig gehaltenen Pflanzen geziert. Dahinter hier und da glatter, geschmeidiger Akanthus, dann wieder Figuren und Namen.«[10]

Natürlich ist Plinius' Gartenschilderung, die er in die literarische Form von Briefen (Epistulae) gebettet hat, mehr als eine sachliche briefliche Äußerung. Die Briefe – insgesamt sind von ihm zehn überliefert – erweisen Plinius als einen gebildeten, gütigen und liebenswerten Menschen. Seinen Sklaven soll er ebenso menschlich gegenübergetreten sein. Nur so läßt sich die Mitteilung erklären, daß auch der Schöpfer von einer der Gartenanlagen aus Buchsbaumhecken herausmodelliert worden ist. Die Gartenkünstler in Rom waren Sklaven, höchstens Freigelassene. Plinius teilt an anderer Stelle mit, welche Gärtner-Sklaven die Römer bevorzugten. Es waren vornehmlich Sklaven aus der römischen Provinz Syrien. Diese genossen den Ruf, Meister in aller Gartentechnik zu sein. Besonders schätzte man, daß der syrische Sklave in der höheren Gartenkunst des Veredelns, Vermehrens und des Schneidens der Obstbäume bewandert war.

Römische Schriftsteller haben der Theorie des Gartenbaus eine neue Qualität verliehen. Diese Schriftsteller betätigten sich zum Teil selbst gärtnerisch oder agrikulturell. Die bedeutendsten Vertreter, die bis in die deutsche Renaissance hineinwirkten, waren vor allem der aus Cusculum stammende Cato, Varro, den Julius Cäsar mit der Leitung der Bibliotheken von Rom beauftragt hatte, der

Dichter Vergil, der Landwirt Columella, Plinius der Ältere und Palladius, auf dessen Bücher man bevorzugt im Mittelalter zurückgriff.

Cato schrieb in Form von Sentenzen. Seine Schrift »De re rustica« (deutsche Übersetzung von Ganter, Donaueschingen 1844) ist das älteste lateinische Buch über den Acker- und Gartenbau. Zunächst wendet sich Cato dem Weinbau zu. Er teilt Ertragsberechnungen mit und gibt Ratschläge für den Anbau von sieben Weinsorten. An zweiter Stelle folgen Ausführungen über Gärten, in denen Frucht- und Gemüsepflanzen gezogen werden. Er beschreibt sechs Feigensorten, von den Birnen erwähnt er sechs Sorten, die Äpfel erscheinen mit vier Sorten, von den Mandeln sind ihm drei erwähnenswert und von den Haselnüssen zwei. Die Olive wird von Cato nach der Weide abgehandelt. Insgesamt teilt er zehn Sorten mit, die für Olivenpflanzungen von Interesse sind. Die wichtigsten Arten der Fruchtbäume sind mit 33 Sorten vertreten. Den herausragenden Platz nimmt die Weinrebe ein. Sowohl Weinbau als auch Obst- und Gemüsegärten sowie die Olivenpflanzungen produzierten zu Lebzeiten des Cato (um 200 v. Chr.) für die Hauswirtschaft und den Markt. Obwohl Cato viele Jahre Staatsämter bekleidete, bewirtschaftete er das von seinem Vater übernommene Landgut selbst. Er gehört zu den Praktikern unter den Theoretikern des Acker- und Gartenbaus.

Von den drei Büchern, in die Varros Schrift mit dem Titel »De re rustica« zerfällt, wendet sich das erste Buch auch dem Gartenbau zu. Die Behandlung des Obstbaus geht bei ihm kaum über Cato hinaus. Er gehört aber zu den Bewahrern des von Cato überlieferten Wissens. Varro gehörte nämlich zu seiner Zeit zu den entscheidenden Verfechtern altrömischer Sitte gegen Fremdeinflüsse und Sittenverfall. Er ist damit gleichsam die Inkarnation des erreichten Entwicklungsstandes römischer Wissenschaft.

Vergil, Sohn eines römischen Grundbesitzers und einer der größten lateinischen Dichter, hat sich mit seinem Epos »Georgica«, das er zwischen 37 und 30 v. Chr. schuf, in die Geschichte des Gartenbaus eingeschrieben. Das zweite Buch des Epos mutet wie ein poetisches Traktat über den Obstbau an. Vergil erwähnt bereits 14 Rebsorten. Er übertrifft Cato in den technischen Anleitungen und Belehrungen. Vergil sah das Ziel der »Georgica« (»Landbau«) jedoch nicht in der Funktion eines Handbuches für Acker- und Gartenbau, er wollte Leitbilder schaffen für die durch die Bürgerkriege entwurzelte und zerrüttete Gesellschaft. Vor allem hegte er die

Hoffnung, daß die Bauern und Gärtner zu ihrer friedlichen Arbeit zurückkehrten. Ihnen widmete er sein Lehrgedicht.

Columella, Zeitgenosse von Seneca, schrieb sein Werk »12 Bücher de re rustica« im Jahre 60 n. Chr. Es gibt ein vollständiges Bild vom Wissen des alten Rom über Garten- und Ackerbau. Columella hatte zu Studienzwecken Kleinasien, Persien, Syrien, Ägypten, Griechenland und Italien bereist. Die meisten der von ihm beschriebenen 400 Pflanzen kannte er daher aus eigener Anschauung. Im dritten Buch erweist er sich als Spezialist für den Weinbau. Er beschreibt die Merkmale von 58 Rebsorten: 14 Sorten Tafeltrauben und 44 weitere Weintraubensorten. Die Olive (viertes Buch), nach Columella erste unter den Bäumen, ist mit zwölf Sorten vertreten. Im fünften Buch wendet er sich dem Obstgarten zu. Die wichtigsten Obstbäume sind mit 112 Sorten ausgewiesen. Diese verteilen sich auf Feige, Birne, Apfel, Pflaume, Mandel, Quitte, Granatapfel, Hasel- und Walnuß, Johannisbrotbaum, Pfirsich, Aprikose usw. Das zehnte Buch – über den Gartenbau –, hat Columella als Ergänzung zu Vergils »Georgica« in Hexametern verfaßt. Außerdem schrieb er noch ein Buch »De arboribus« (»Über die Baumzucht«). Columellas Werke wurden wegen der verwendeten wertvollen Quellen, der sachkundigen, von Verantwortung und Hingabe zeugenden Darstellung klassischer Bestandteil der land- und gartenbauwirtschaftlichen Fachschriftstellerei. Mit Columella wurde der Nutzgarten des alten Griechenland erheblich übertroffen, was sich auch darin äußerte, das Italien begann, neue Arten und Sorten nach Griechenland zu exportieren.

Plinius der Ältere, ein Philosoph unter den römischen Gartenbauschriftstellern, veröffentlichte im Jahre 77 sein enzyklopädisch angelegtes Werk »Historia naturalis« (»Naturgeschichte«) in 37 Büchern. Er starb 79 n. Chr. als Opfer des Ausbruchs des Vesuvs, der Herculaneum und Pompeji begrub. Plinius sucht die agrotechnischen Kenntnisse Catos, Varros, Ciceros und der Griechen wieder zu verbreiten. Plinius Werk durchzieht die Sorge, daß Acker- und Gartenbau in Italien nicht mehr gründlich genug betrieben werden könnten. So wendet er sich gegen das Vorurteil, Italiens Böden seien erschöpft. Nach griechischer Methode und unter Verwendung gallischer, britannischer, italienischer und anderer Erfahrungen empfiehlt Plinius, Kenntnisse von systematischen Meliorationsarbeiten und Düngemitteln für die verschiedenen Böden zu verbreiten. Lehrte Cato noch die Anwendung von Zauber-

formeln, so vertraut Plinius der Ältere ausschließlich auf Erfahrung und Wissenschaft, was er auch auf den Obstbau bezog.

Der letzte römische Schriftsteller von Rang, der sich dem Acker- und Gartenbau verpflichtet fühlte, war Palladius im 4. Jahrhundert n. Chr. Sein »Opus agriculturae« (»Werk über die Landwirtschaft«), das er in 14 Büchern, von Monat zu Monat fortschreitend, abfaßte, ist auf einfache und sachliche Darstellung bedacht. Ein 15. Buch behandelt die Baumveredlung. Palladius verbindet in seinen Büchern eigene Erfahrungen, die er als Eigentümer großer Güter bei Neapel und auf Sardinien sammelte, mit Erkenntnissen älterer Garten- und Ackerbautheoriker. Sein Werk wurde im Mittelalter viel gelesen. In seine Lebenszeit fällt aber auch der Niedergang des römischen Imperiums. Darunter litt auch der Gartenbau. Während zum Beispiel in den drei Jahrhunderten von Cato bis Plinius die Zahl der Obstsorten von 32 auf 192 anstieg, fiel diese in den folgenden drei Jahrhunderten von 192 auf 7 zurück.

Das Bild, das wir heute von der römischen Gartenkultur besitzen, konnte dank der Wiederentdeckung von Pompeji und Herculaneum wesentlich vervollkommnet werden. In beiden Städten lebten zusammen nur 25 000 Menschen, aber alles, was von den gartenbeflissenen Römern bekannt war, findet man auch hier. Gärten prägten innerhalb und außerhalb der Wohnstätten das Stadtbild. Hinter den Wohngebäuden oder hinter den Kaufläden hatte man kleine Küchengärten angelegt, in denen auch Blumen gezogen wurden. Vermögende Bürger leisteten sich größere Anlagen, zum Teil den Luxusgarten, den die Römer etwa seit dem 2. Jahrhundert v. Chr. kultivierten. So gibt es hinter der Villa der Julia Felix, dem größten bisher entdeckten Wohnhaus in Pompeji, eine weitläufige Gartenfläche mit einem Fischteich, einem Gemüsegarten und einem Obstgarten. Im Hause des Loreius Tiburtinus liegt in der Mitte des Gartens ein T-förmiger Fischteich, dessen längerer Arm über eine mit Weinreben bepflanzte Terrasse hinunterfließt. Am Teich ziehen sich Laubengänge, Grotten, Kapellen, Brunnen und kleine Wasserfälle entlang. In einer Mauer seines Gartens war ein Wintergarten eingepaßt, in dessen Schutz exotische Pflanzen und Blumen gediehen. Welche Bäume früher im Garten standen, erkennt man aus den Hohlräumen, die ihre Wurzeln in der Lava hinterlassen haben. Es waren die gleichen Bäume, die man heute dort wieder angepflanzt hat: Birnen, Feigen, Granatäpfel und Edelkastanien.

Kulturlandschaft am Nil zum Zeitpunkt
der größten Ausdehnung des römischen Staates.
Römisches Fußbodenmosaik,
1./2. Jh. n. Chr. Museo Prenestino, Palestrina

Das von der Asche des Vesuv befreite Haus der Vettier zeigt den inzwischen rekonstruierten Peristylgarten mit den bereits im Altertum gezüchteten Pflanzen: Rosen, Veilchen und Hyazinthen. Der Garten im Innenhof des Hauses der Vettier ist das heute am besten erhaltene Peristyl. Die ärmeren Bürger kultivierten auf kleinsten Flächen die Natur. Häuser, die zu klein waren, einen Peristyl anzulegen oder wenigstens einen Baum zu pflanzen, besaßen trotzdem einen Garten. Um ihn größer erscheinen zu lassen, bemalte man rückwärts gelegene Mauern mit einer Gartenlandschaft, in die dionysische Attribute eingefügt waren. Gelegentlich fungierte Dionysos oder Bacchus auch als »Gartenzwerg«, wenngleich in künstlerischer Qualität den heutigen überlegen. Bestand absolut keine Möglichkeit, einen Garten anzulegen, wurden wenigstens die Fenster mit Blickrichtung in des Nachbars Garten angebracht. Es gab schließlich Blumenfenster und weinumrankte Laubengänge auf Balkonen.

Inzwischen sind 15 antike Gärten der Stadt Pompeji rekonstruiert. 1991 stießen die Archäologen bei den Ausgrabungen in einem Haus auf die Prachtstraße »Via dell' Abbondanza«. Schmale Alleen in gestampfter Erde begrenzten in Reihen angeordnete Beete, die mit komplizierten geometrischen Mustern versehen sind. Wacholder bildeten das symmetrische Grundgerüst der Pflanzungen. In der Beetmitte blühten Rosen, unterpflanzt mit Artemisia, Lychuis und Cerastium, vor einem Gerüst mit Weinreben. Häufig pflanzte man Schmuckpflanzen zusammen mit Nutzpflanzen und Heilkräutern.

Zur Zeit des Untergangs von Pompeji und Herculaneum hatten die Römer ihr ästhetisches Empfinden derart kultiviert, daß selbst Gemüsebeete aus ästhetischem Blickwinkel betrachtet wurden, wie man den »Georgica« von Vergil entnehmen kann. Einer der Lehrer Vergils, der talentierte Dichter und Philosoph Philodemus, bringt dieses ästhetisch geprägte Lebensgefühl in dem folgenden Vers gut zum Ausdruck:

> »Schon blühen hier die Rosen,
> Sosylos und frische Erbsen;
> Hier sind die ersten grünen Triebe,
> Dort die Sardellen,
> die nach der Brandung schmecken,
> Und zart gesalzener Käse,
> Und hier die krausen Blättchen des Salats …«[11]

Die ganze Landschaft an den Hängen des Vesuvs soll eine gepflegte Gartenlandschaft gewesen sein. Anfang des 1. Jahrhunderts n. Chr. beschreibt der römische Geograph Strabon den Golf von Neapel als eine ununterbrochene Reihe von Ortschaften, Landhäusern und Pflanzungen. Wer es sich leisten konnte, hatte eine Zweitwohnung auf dem Lande. Wer eine Landvilla bewohnte, dem gehörte oft außerdem ein Haus in einer der Städte am Vesuv. Pompeji und Herculaneum wurden außerdem als beliebte Badeorte aufgesucht. Neben den öffentlichen Badeeinrichtungen besaßen viele Stadthäuser private Bäder. Sogar die Dienstboten und die Sklaven konnten täglich ein heißes Bad nehmen. Komplizierte Wasserleitungssysteme versorgten Bäder, Toiletten und Küchen mit fließendem Wasser. In den größeren Gärten waren außerdem Brunnen, die von derartigen Wasserleitungen gespeist wurden.

Der Grundbesitzer hielt sich auf seinem ländlichen Eigentum nur vorübergehend auf. Die Verwaltung übertrug er einem Freigelassenen oder einem Sklaven. Ärmere Bürger übten ein Gewerbe aus, freie Kleinbauern lebten das ganze Jahr auf ihrem Besitz. Im 1. Jahrhundert n. Chr., als das römische Imperium seine größte kulturelle Blütezeit erlebte, konnte ein Gewerbetreibender sowohl ein Sklave (im Auftrag), ein Freigelassener, als auch ein Freier sein. In Pompeji fand man den Obstgärtner, den Knoblauchpflanzer, den Blumengärtner, den Gemüsegärtner, den Winzer, den Olivenbauer als Vertreter des Gartenbaugewerbes erwähnt. Rosen und andere Duftblumen müssen in größeren Mengen angebaut worden sein, denn in den Städten und um diese herum hatte sich eine beachtliche Parfümindustrie entwickelt. Auf dem Markt gab es feste Obst- und Gemüsestände. Zu den gärtnerischen Berufen gehörte auch der Landschaftsgärtner, der auf Luxusgärten und öffentliche Plätze spezialisiert war. Die Eigentümer solcher Luxus- oder Landschaftsgärten liebten es, diese außerdem von Malern in Landschaftsbildern zu verewigen. Dadurch wurde ungewollt, wenn man von Plinius d. J. absieht, den namenlosen Gartenschöpfern ein Denkmal gesetzt.

In der zweiten Hälfte des 2. Jahrhunderts setzte der systematische Verfall des Römischen Reiches ein. Im 5. Jahrhundert hörte das weströmische Kaiserreich auf zu existieren. Auf den Trümmern der ehedem prachtvollen Villen schlugen Bauern und Hirten ihre Wohnungen auf. Die Spuren der einst bedeutenden Gartenkultur erloschen dennoch nicht gänzlich. Sie lebten fort im Gedächtnis des Volkes, in den Werken der Gartenbautheoretiker und in den Überresten, auf die man in der italienischen Landschaft überall stieß. Vor allem an den eingehenden Gartenbeschreibungen, die die Klassiker der Gartenbauliteratur hinterlassen hatten, orientierte sich später der italienische Renaissancegarten, so daß sich letztlich der sogenannte italienische Stil kaum vom römischen Muster unterschied.

Die Ausbreitung des in Italien in den Rang einer Staatsreligion gehobenen Christentums nach Nord- und Westeuropa belebte den Perestylgarten in den Klöstern und darüber hinaus das überlieferte Gartenbauwissen, das seinerseits jeweils nur ein Teil der Weltkultur ist. Um das vorgefundene Erbe auszuschöpfen, bedurfte es einer ganzen Übergangsepoche, die deshalb den Namen Mittelalter erhielt. Immerhin hatte sich in der griechisch-römischen Antike mehr oder minder das gesamte theoretische Wissen der Menschheit vereinigt, das sich in Jahrtausenden zuvor in den Stromkulturen des Nil, Euphrat und Tigris, in den Tälern des Indus, Ganges und Brahmaputra entwickelte.

»Bruder Gärtner«

NIEDERGANG UND ZERFALL des römischen Weltreiches brachte auch den Gartenbau zum Erliegen. Erst nach den Wirren der Völkerwanderung und der Christianisierung begann in Europa eine neue Blütezeit. Sie ging von den Klöstern aus, die ab dem 9. Jahrhundert vorübergehend Träger des kulturellen und wissenschaftlichen Fortschritts im Mittelalter wurden. Aus dieser Zeit stammen die Klosterschulen, die, von Karl dem Großen gestiftet, zunächst bezweckten, den Bildungsstand der Geistlichkeit anzuheben, schließlich den Ruhm von Pflanzschulen der Bildung und Moral erlangten. Namentlich die Klöster zu Lyon, Tours, Fulda, Osnabrück, Trier, Würzburg, Paderborn, Korvey und einige weitere konnten diese Position noch im 10. Jahrhundert behaupten. Zwischen den Mönchen bildete sich in diesen zwei Jahrhunderten eine Arbeitsteilung nach bestimmten Ämtern heraus. So gab es den Bibliothekar, Ökonom, Kellermeister, Pförtner, Gärtner usw. Ein Amt wurde oft ein Klosterleben lang als Beruf ausgeübt. Die größten Klöster konzentrierten alle zeitgenössischen Gewerke und Berufe in ihren Mauern.

Das christliche Mittelalter Europas brachte den Klostergarten hervor. Im engeren Sinne war es der zum Garten umgestaltete Klosterhof. Der antike Peristylgarten war der Form nach das Vorbild. Im Mittelpunkt befand sich ein Brunnen oder ein Behälter für Wasserpflanzen. Man verwendete solche Anlagen zum Gießen des Gartens, zum Händewaschen, auch als Vogeltränke. Im Klostergarten gab es Obst- und Zierbäume sowie Blumen. Dieser relativ kleine Garten sollte das Paradies symbolisieren. Jedes Detail mußte daher an die göttliche Weltschöpfung gemahnen. Gelegentlich schloß er auch den Friedhof des Klosters ein. Die eigentlichen Nutzgärten befanden sich außerhalb der Klostermauern; als Wirtschafts- und Obstgärten, Gärten für Heilpflanzen und Küchenkräuter.

Der »Bruder Gärtner«, der Berufsgärtner im Mönchsgewand, betrieb mit Eifer und mustergültig den Obst- und Weinbau, den Gemüsebau und weit weniger ausgeprägt die Blumenzucht. In den Gärten der Klöster fand man aber bereits den Feigen- und Granatapfelbaum und vor allem die Rose, mitgebracht von Pilgern und Kreuzfahrern. Auch Pfirsich, Aprikose, Myrthe und verschiedene Palmenarten in Kübeln zierten die klösterlichen Gärten. Von den Klostergärten ging die Verbreitung gartenbaulicher Kenntnisse aus. Ihr Beispiel legte den Grund für das Wiederaufblühen des Gartenbaus sowie für seine weitere Ausbreitung. Gärten wurden im Mittelalter von allen Klöstern angelegt und unterhalten. Selbst der Bettlerorden betrieb eine bescheidene Anlage. Der Franziskanerorden, der eigentlich keinen Grund und Boden besitzen durfte, machte eine Ausnahme, wenn es um einen kleinen Garten am Kloster ging. Andere Mönchsorden befaßten sich speziell mit Gartenbau und erlangten auf diese Weise Berühmtheit. Vom Kloster St. Gallen ist ein Plan übermittelt, der den Klostergarten als Lehrstätte und Nutzgartenpflanzung belegt.

Der St. Galler Plan (zwischen 816 und 830) zeigt oben rechts neben der Wohnung des Arztes (der Ärzte) und dem Spital für die kranken Brüder einen Arzneikräutergarten. Auf seinen acht Beeten, die wiederum von acht Rabatten zu einem Rechteck geschlossen sind, wachsen Arzneipflanzen und Heilkräuter sowie Gewürzpflanzen wie Bohnenkraut, Frauenminze (*tanacetum balsamita*), Griechisch Heu, Rosmarin, Minze, Salbei, Raute und Liebstöckl. Was sich auf den Beeten befindet, ist durch Inschriften vermerkt. Auf den Rabatten findet man unter anderem Rosen und Lilien. Nach einem analogen Ordnungsschema ist auch der Gemüsegarten (hortus) gestaltet. Dieser liegt südlich vom Baumgarten und ist eingefriedet. Eine Inschrift im Mittelgang besagt: »Hier sprießen die hübsch aufwachsenden Gemüsepflanzen«. Die verzeichneten Namen sind Zwiebel, Porree, Sellerie, Koriander, Dill, Mohn, Rettich, Mangolt, Knoblauch, Schalotten, Petersilie, Kerbel, Salat, Bohnenkraut, Pastinacken oder Mohrrüben, Kohl und Schwarzkümmel. Bis auf eine Ausnahme sind die Pflanzennamen bereits in dem berühmten »Capitulare Caroli Magni de Villis« (»Verordnung über die Krongüter und Reichshöfe Karls des Großen«) enthalten.

Karl der Große
und die Heilpflanze Carlina acaulis.
Oberitalien, um 1500

Carlina

Nach neueren Untersuchungen hat Karl der Große das »Capitulare« zwischen den Jahren 792/793 und 800 n. Chr. erlassen. Es schrieb den Gutsverwaltern und Amtmännern vor, welche Pflanzen und Kräuter sie in den Königsgütern anzubauen hatten. Die Aufstellung umfaßt etwa 60 Arten, zumeist italienischer und byzantinischer Herkunft. Daß Karl der Große das Verzeichnis außerdem in allen Klöstern des Karolingerreiches verbreiten ließ, zeugt von dem Stellenwert, den die Klostergärten in jener Zeit noch innehatten.

Die Pflanzennamen und die Herkunft der Pflanzen waren den Mönchen durch das Studium antiker Quellen bekannt. So kann man davon ausgehen, daß die relativ geringe Zahl aufgezählter Gartengewächse im St. Galler Plan vom tatsächlichen Wissensstand, den die Klöster repräsentierten, weit übertroffen wurde. Westlich neben dem Gemüsegarten ist auf dem Plan des St. Galler Klostergartens das Gärtnerhaus eingezeichnet. Es enthält ein heizbares Zimmer für den Gärtner, zwei längliche Schlafzimmer für die Gehilfen und einen Raum zum Aufbewahren von eisenbeschlagenen Geräten und Gemüsesamen. Der Baum- oder Obstgarten ist zugleich als Begräbnisplatz ausgewiesen. Die Gräber sind regelmäßig um ein Kreuz gruppiert, die Bäume dazwischen unregelmäßig verteilt. Die Reihenfolge der benannten Obstbäume erinnert ebenfalls an die Aufzählung im »Capitulare«: 1. Apfelbaum, 2. Birnbaum, 3. Pflaumenbaum, 4. Pinie, 5. Speierling, 6. Mispelbaum, 7. Lorbeer, 8. Edelkastanie, 9. Feigenbaum, 10. Quittenbaum, 11. Pfirsichbaum, 12. Haselnußstrauch, 13. Mandelbaum, 14. Maulbeerbaum, 15. Nußbaum.

Im St. Galler Klosterplan sind vier Bereiche gärtnerisch gestaltet: die Kreuzgänge (Klostergarten im engeren Sinne), der Baum- oder Obstgarten des Friedhofes, der »Wurzgarten« mit den Heilkräutern sowie der Gemüsegarten. Ob der Plan jemals reale Gestalt angenommen hatte, ist nicht bewiesen. Er kann ein Musterplan für ein reiches bevölkertes Kloster gewesen sein, aber auch den um 800 erreichten gartenbaulichen Standard in den Klöstern widerspiegeln, wie verschiedene Historiker meinen.

Einen noch plastischeren Einblick in den klösterlichen Gartenbau zur Zeit des St. Galler Planes gibt das botanische Lehrgedicht »Liber de cultura hortorum«, kurz »Hortulus« oder »Kleiner Garten« genannt, des Benediktiners Walahfrid Strabo. Walahfrid verfaßte das Gedicht nach 842 als Abt des Klosters Reichenau. Die den

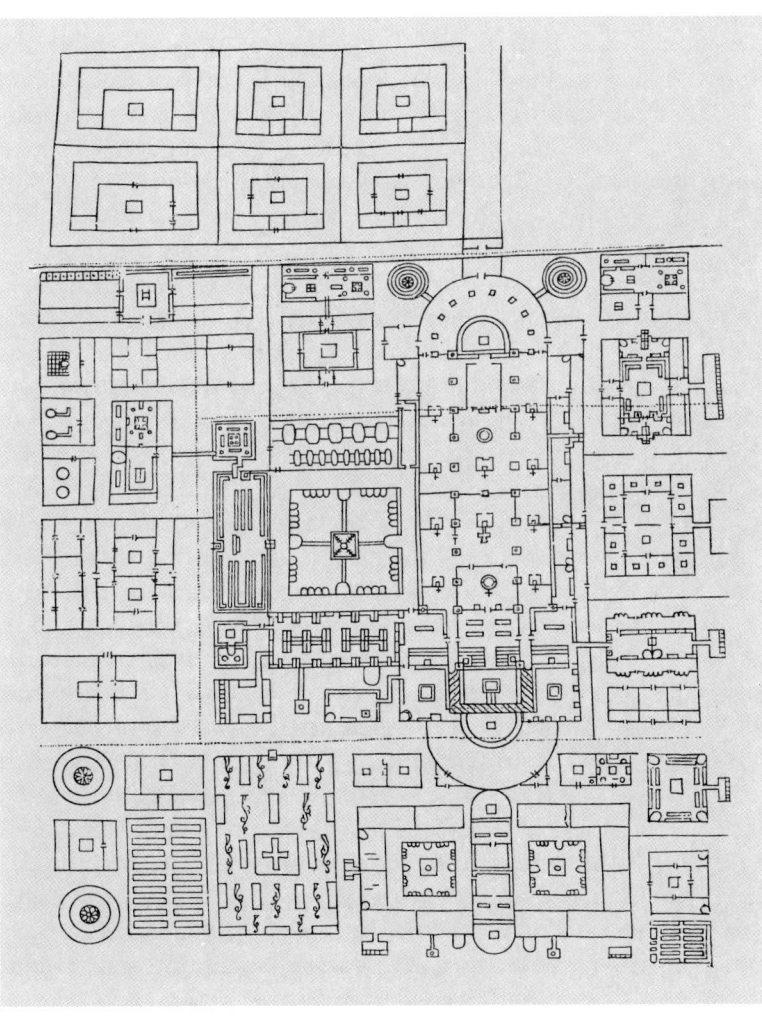

klösterlichen Gartenbau selbst betreffende Stelle hat Lauenstein im Jahre 1900 aus dem Lateinischen übertragen und aus der Sicht des gärtnerisch tätigen Abtes erklärt: »Strabo ist ein großer Gartenfreund, der es nicht verschmäht, durch tüchtiges Zugreifen sich die Hände schwielig zu machen und zu bräunen (callosas aere duro detrectat fuscare manus) ... Der Garten liegt an der Ostseite seiner Wohnung unmittelbar vor der Tür (atriolum quod pro foribus mihi parva patenti area vestibulo solis convertit ad ortum). Zum Teil ist er von dem Dache des Vestibulum bedeckt (also auf der Westseite des Gartens), so daß in diesen Teil weder Regen noch Wind eindringen kann (quamquam illius pars ista sub alto arescat tecto pluviarum et muneris expers squaleat aerii); an der Südseite befindet sich eine hohe Wand, welche den Sonnenstrahlen im Wege steht (pars illa perennibus umbris diffugiat solem, paries cui celsior ignei sideris accessum lateris negat obice duri). – Bei Beginn des Frühlings nun ist der kleine Garten ganz mit Brennesseln bedeckt (atriolum ... urticae implerunt). Nachdem die Pflanze, ›auf deren Blättern Pfeile wachsen mit brennendem Gift‹, ausgerodet ist, werden die Maulwurfshaufen zerstört und die Regenwürmer ans Tageslicht geholt (et umbricolis habitata cubilia talpis diruo, lumbricos revocans in luminis oras). Wenn dann die Erde durch Sonne und Wind trocken geworden ist, werden Beete gemacht, indem Holzbretter gegen die erhöhte Erde gestemmt werden (areola, et lignis ne diffluat obsita quadris altuis a plano modicum resupina levatur). Nun wird die Erde mit der Hacke zerkleinert und fetter Dünger in Körben herbeigeschafft, damit das Land auch ordentlich aufgeht (tota minutatim rastris contunditur uncis ... et stercora plenis vitat in arenti disponere pulvere qualis ... et pinguis fermenta fimi super insinuatur). So ist der Boden vorbereitet und es können nun die verschiedenen Samenarten gelegt oder die überwinterten Pflanzen umgesetzt werden (seminibus quaedam temptamus holuscula quaedam stirpibus antiquis priscae revocare iuventae). Wenn nun die zarte Saat aufgegangen ist und die dünnen Stengelchen aus der Erde hervorlugen, dann holt Walafried in großen Gefäßen reines Wasser herbei und begießt sorgsam die kleinen Hälmchen, und zwar mit der hohlen Hand, damit die Samenkörner nicht durch einen zu heftigen Guß von der Stelle bewegt werden (flumina pura cadis inferre capacibus acri curavi studio, et propriis infundere palmis guttatim, ne forte ferocior impetus undas ingereret nimias, et semina iacta moveret).«[12]

Das durch Lauenstein in der Neuzeit geweckte Interesse an Walahfrid teilen seitdem weitere Historiker, die sich dem Mittelalter widmen. Sierp (1925) und vor allem Stoffler (1978) konnten überzeugend bestätigen und beweisen, daß die Aussagen im »Hortulus« auf eigener Anschauung beruhen. Im Hinblick auf die gartenbotanischen Kenntnisse geht auch der »Hortulus« nicht über das »Capitulare« und den St. Galler Plan hinaus. Dichterisches Vorbild sind bedeutende Schriftsteller in der antiken Gartenbaugeschichte, insbesondere Columella und Palladius, die ebenfalls viele Einzelheiten der praktischen Gartenarbeit beschrieben hatten. Auch Vergils »Georgica«, das von 37–30 v. Chr. entstandene »Lied vom Landleben«, dürfte als Vorbild gedient haben. Eine zweite Ausgabe des »Hortulus« erschien im Jahre 1512 nach der in der vatikanischen Bibliothek befindlichen lateinischen Handschrift vom Ausgang des 9. Jahrhunderts. Die dritte Auflage folgte 1527 zu Basel, eine vierte 1530 in Freiburg.

Die Gartenanlagen der Klöster blieben das ganze Mittelalter hindurch vornehmlich Nutzgärten. Blumen traten stark zurück, obwohl die Annahme nahe liegt, daß mit den Mönchen auch die verschwenderische Blumenfülle des Mittelmeergebietes nach Mittel- und Westeuropa hätte gelangen müssen. Dies trifft eingeschränkt nur auf den sakralen Teil der klösterlichen Gartenanlagen zu, dem sogenannten Paradies der Kreuzgänge. An dieser Situation ändert sich auch nichts, als die missionierende und kolonisatorische Tätigkeit der Benediktiner durch die Cistercienser abgelöst wurde. Die Cistercienser, die in den Jahren 1127 bis 1189 in die nördlichen und östlichen Teile Deutschlands vordrangen, verpflanzten und verbreiteten ebenfalls überwiegend Nutzpflanzen. Außerdem beförderten sie die Ausbreitung des Gartenbaus unter weltlichen Bedingungen. In der Nähe der Klöster wuchsen bald die verschiedensten Obstsorten, die ihren Ursprung in den Klostergärten hatten. Ebenso verhielt es sich bei Weinpflanzungen. Bauern erhielten von den Klöstern Pflanzen und Samen für ihre Hausgärten. Eigens ausgebildete Obstgärtner beschäftigte das Kloster Jachenau, wie aus dem Jahre 1185 berichtet wird. Der Weinanbau erreichte seine größte nördliche Ausdehnung in der Geschichte des deutschen Gartenbaus. Weingärten gab es im Mittelalter von England über Rügen bis zum Baltikum. Sie sind längst wieder verschwunden. Relikte sind dennoch gelegentlich vorhanden. Vereinzelt trifft

Allegorie des Herbstes.
Gemälde von Francesco del Cossa, 15. Jh.
Staatliche Museen zu Berlin,
Preußischer Kulturbesitz, Gemäldegalerie

man auf einen kleinen Weinberg, häufiger auf Weinspaliere an der Südseite von Häusern. Außer Obstgärten entstehen seit dem 9. Jahrhundert Hopfengärten. In den Klöstern wird der Hopfengärtner ein wichtiges Amt neben dem Bierbrauer. Jeder Mönch von St. Gallen soll im 10. Jahrhundert täglich fünf Maß Bier getrunken haben.

Bevor die Mönche die mittelmeerländischen Gartengewächse über die Alpen brachten, existierte bei den Germanen lediglich ein ungeregelter Gartenbau, der zudem gänzlich fehlte, je weiter nördlich sie siedelten. Die Germanen »bemühen sich nicht um die Fruchtbarkeit und die Ausdehnung des (bebauten) Bodens«, schrieb der römische Geschichtsschreiber Tacitus und vermißte ferner, »daß sie Fruchtgärten anlegen, Wiesengrundstücke abgrenzen und Gärten bewässern«. Das war der Zustand bis zum Ende der Völkerwanderung. Die wandernden Stämme und Völker hatten nun ihre endgültigen Wohngebiete erreicht, wurden dort seßhaft und begründeten Grundbesitz, der zunächst vorwiegend Felderwirtschaft war. Allmählich bildeten sich gartenbaumäßige Elemente heraus. Nach den spärlichen Berichten zu urteilen, waren diese frühen Gärten hauptsächlich mit Obstbäumen bepflanzte Grasplätze (Obstwiesen), die mit Pfahlzäunen oder Flechtzäunen aus Weidenruten umgeben wurden. In solchen Obstgärten zog man im Gebiet der salisch-fränkischen Stämme (Mittel- und Niederrhein zur Zeit der Merowinger von 482–714 n. Chr.) bereits veredelte Apfel- und Birnensorten heran, die auch rechtlichen Schutz genossen. So wird im Lex Salica, dem ältesten germanischen Volksrecht, für das Abbrechen eines Pfropfreises vom Obstbaum strengste Bestrafung gefordert. Das salfränkische Recht schützte das Grundeigentum an Grund und Boden, wozu ausdrücklich Ackerboden, Wiesen, Gärten und Weinberge gehörten. Nach bayerischem Recht galt als Obstgarten, wenn mindestens zwölf Bäume in einem Garten angepflanzt waren.

Die Alemannen, die sich südlich und westlich des Rheins ansiedelten und im 5. Jahrhundert etwa das heutige Gebiet von Schwaben, der Schweiz und des Elsaß bewohnten, sollen die ersten germanischen Völkerschaften gewesen sein, die neben Acker- auch Gartenbau betrieben. Die Alemannen gehörten ebenso wie die Franken, Bayern, Burgunder und Thüringer dem merowingischen Kulturkreis an. Zwischen den Stämmen hatte sich ein innergerma-

nischer Warenaustausch entwickelt, der den Tausch von Nahrungsmitteln gegen Gebrauchsgüter einbezog. In den grenznahen Siedlungsgebieten zum spätrömischen Kaiserreich importierte man auch Genußmittel, zum Beispiel Wein.

Bis heute ist unsere Kenntnis von der Geschichte des Gartenbaus im Merowingerreich äußerst schmal geblieben. Nur wenige Funde gibt es von eisernen Pflugscharen und Kurzstielsensen. Viele Geräte wie Eggen, Harken, Spaten, Hacken, Dreschflegel und Schaufeln bestanden aus Holz. Wir haben auch so gut wie keine Kenntnis darüber, inwieweit die römische Nachbarschaft oder der zeitweilige Aufenthalt von germanischen Stämmen in römischen Provinzen die Entwicklung von Boden- und Gartenbau beeinflußt haben. Bildliche Darstellungen fehlen in Mitteleuropa bis ins frühe Mittelalter hinein. Trotz zahlreicher Versuche, mit den Methoden der Archäologie und der Paläo-Ethnobotanik eine Ur- und Frühgeschichte bei den Germanen, Kelten und Slawen zu rekonstruieren, ist das Gesamtbild bislang sehr lückenhaft und fragmentarisch. Hingegen gibt es keine Zweifel, daß unter den Karolingern nach dem Herrschaftsantritt Karls des Großen (768) der Anschluß an die entwickelte römische Gartenbaukultur gelang und in West- und Mitteleuropa ein geregelter Gartenbau eingeführt wurde. Unbestritten ist die Leistung der Benediktinermönche und der Beitrag des »Capitulare« an der Wiege der deutschen Gartenbaugeschichte.

Das »Capitulare« hat nicht nur auf die gartenkulturelle Ausgestaltung der weltlichen und klösterlichen Wirtschaft starken Einfluß ausgeübt. Belegt ist auch, daß die Klostergärten und die Mustergüter Karls des Großen ihrerseits auf die Gärten der Bauern und Bürger einwirkten. Der eingezäunte Garten des Bauern lag gewöhnlich vor oder hinter dem Wohngebäude. Die Zäune bestanden wie bereits zur Merowingerzeit meist aus etwa ein Meter hohen Stöcken und Pfählen, die durch Weidenruten miteinander verbunden waren. Auch aus Brettern, Schilf, Strauchwerk und Hecken konnten die Zäune errichtet sein. Die Höhe des Zaunes war an vielen Orten vorgeschrieben. Das eingezäunte gärtnerisch genutzte Terrain teilte den Boden in Acker- und Gartenland. Neben den Hausgärten gab es größere eingezäunte Gärten außerhalb des Dorfes oder der Stadtmauer.

Bis zum Ende des Mittelalters wurden für bäuerliche und Bürgergärten kaum ästhetische Gesichtspunkte herangezogen. Die

Albertus Magnus nach seinem Rücktritt
als Bischof von Regensburg.
Kupferstich

Auswahl und Anordnung der Pflanzen folgte eher nüchternen, dem Nutzen unterworfenen Erwägungen. Was uns heute die Kartoffel bedeutet, das war für den mittelalterlichen Gemüsegärtner der Kohl, die Rübe, die Saubohne. Nur wenige Nutzpflanzenarten wurden in einem Bauerngarten angebaut. Eine Quelle aus dem Jahre 1344 erwähnte reban (Rüben), cibölle, knobloch, kabaz (Kohl), magsam, hanf und hanfsam als zu versteuernde Gartenerzeugnisse. Je nach Ernährungsgewohnheit und Landschaft findet man außerdem noch benannt Erbsen, Porree, Meerrettich oder Rettiche, Melde und Spinat sowie einige Küchen- und Heilkräuter. Obstbäume, insbesondere Äpfel, Birnen und Haselnüsse, standen meist zwischen den Gemüsepflanzen. Außerdem gab es die Obstbaumwiesen. Es scheint so, daß sich der Inhalt eines mittelalterlichen Bauern- oder Bürgergartens hierin erschöpft. Dennoch fehlten Zierpflanzen nicht völlig. Und am Ende des Mittelalters verfügten die Gärten der Bürger und Bauern über zahlreiche Gartengewächse, die das Schmückbedürfnis und den Schönheitssinn des einfachen Volkes reichlich befriedigten. Zum Teil waren diese Zierpflanzen ursprünglich nur in den Klostergärten heimisch, ein erheblicher Teil hatte aber seine Wandlung vom Wild- zum Kulturgewächs in den Bauern- und Bürgergärten vollzogen. Im Verlaufe von fünf Jahrhunderten ging eine Reihe medizinisch verwendeter, wildwachsender Pflanzen, die Aufnahme in den mittelalterlichen Gärten fanden, allmählich in verbesserte und gefüllte Gartensorten über. Die Rose, die Lilie, die Paeonie, das Veilchen, Irisarten, das Maiglöckchen, das Stiefmütterchen, der Reinfarn, die Margerite, der Mohn, die Akelei, die Ringelblume, die Kardendistel usw. tauschten ihren Platz als medizinische Nutzpflanzen gegen jenen von dekorativsten Zierpflanzen ein.

Am Ausgang des Mittelalters war der Gartenbau wissenschaftlich und als Gewerbe in den Klöstern und in den Gartenbau treibenden Städten sichtbar vorangekommen. In den Klöstern übernahmen Laienbrüder und extra angestellte Spezialisten neue gärtnerische Tätigkeiten. In den Städten traten die ersten Zunftgärtner auf. Die Benediktinerabtei Prüm unterhielt im 13. Jahrhundert einen eigenen Weinsachverständigen. Die Cistercienser in Pforte beschäftigten für die Pflege ihrer edlen Obstsorten einen besonderen Gartenmeister und in der Abtei Hirsau in Schwaben arbeitete ein Gärtner, der dem Kellermeister zugeordnet war. Im 15. Jahrhundert wurde der Weltruf der Erfurter Gärtner begründet. In Straßburg gab es Hunderte von Gärtnern, die Rüben-, Rettich-, Zwiebel- und Krautanbau betrieben. Um Worms und Weinheim hatten sich die Gärtner auf Spargel spezialisiert, der bis Antwerpen versendet wurde. Bei Hildegard von Bingen findet man einen Gärtner, der die Berufsbezeichnung Salbenbereiter trug. Nach Hildegard bestand dessen Aufgabe darin, die Gärten zu bewässern, die Gartenfrüchte zu sammeln und aus ihnen die verschiedensten Salben zu bereiten.

Vom gewachsenen Selbstbewußtsein der Gärtner an der Wende vom Mittelalter zur Renaissance zeugt auch, daß an die Stelle des weltlichen oder kirchlichen Lehns- oder Grundherren, der bis dahin als Schutzpatron fungierte, der Schutzheilige tritt. Für einige Regionen wird es die hl. Gertrud. Sie entstammte dem fränkischen Adel und wurde 647 Äbtissin des Klosters zu Nivelles. Der Volksglaube schrieb ihr Eigenschaften zu, die die Germanen von ihrer Göttin Freyja kannten: fröhlich, dem Minnegesang zugetan und erdbezogen. Nachdem Karl der Große die Freyja-Tempel bei Magdeburg schleifen ließ, muß sich ihr Kultus mit der Verehrung für Gertrud vermischt haben. Die hl. Gertrud war auch Schutzheilige der Reisenden, welche ihr zu Ehren die sogenannte Gertrudenminne tranken. Ihr Tag war der 17. März. In Trier, Luxemburg und in Frankreich erkoren die Gärtnerzünfte den hl. Fiacarius zu ihrem Schutzpatron. Sie feierten ihn am 30. August.

Das 12. und das 13. Jahrhundert brachte die bedeutendsten Persönlichkeiten in der Geschichte des mittelalterlichen Gartenbaus hervor: Hildegard von Bingen und Albertus Magnus. Die hl. Hildegard gehörte dem Benediktinerorden an und wirkte ab 1136 als Äbtissin. Sie galt wegen ihrer prophetischen Begabung schon zu ihren Lebzeiten als heilig. Selbst Päpste und Kaiser legten ihr die wichtigsten geistlichen und weltlichen Angelegenheiten zur Entscheidung vor. Zwischen 1150 und 1160 entstand ihr Buch »Liber subtilitatum diversarum naturarum creaturarum« (»Buch von dem inneren Wesen der verschiedenen Naturen der Geschöpfe«), das auch unter dem Namen »Physica« bekannt geworden ist. Hildegard beschreibt neben anderen Naturobjekten zahlreiche einheimische Würzkräuter und Heilpflanzen und benennt diese durchweg mit Namen in althochdeutscher Sprache. In gleicher Weise verfuhr sie bei der Beschreibung einheimischer Laubbäume, Obstbäume und

Gemüse. Für die mittelalterliche Botanik hat die hl. Hildegard die umfassendste Aufzeichnung über wildwachsende Heilpflanzen hinterlassen. Zwar geht aus ihren Mitteilungen nicht eindeutig hervor, ob die erwähnten Arten auch in Gärten heimisch geworden waren. Anhand anderer Quellen ist aber ihre gleichzeitige Verbreitung in Gärten belegt. Da nur noch auf die aus dem 13. Jahrhundert stammende Handschrift (Abschrift) zurückgegriffen werden kann, ist wahrscheinlich das gesamte botanische und gartenbauliche Wissen der Hildegard von Bingen nicht mehr vollständig zu erschließen. Ihr nachgelassenes Werk vermittelt trotzdem ein recht verläßliches Bild mittelalterlicher Kenntnis über wildwachsende Heilpflanzen und deren Kultivierung in den Gärten der Klöster, Bauern und Bürger.

Der Dominikaner Albertus Magnus war der geachtetste Theoretiker der Kirche im 13. Jahrhundert. Er stand in dem Rufe, das Naturwissen seiner Zeit der Kirche zugeeignet zu haben. Albertus hat sich als Philosoph, Chemiker, Physiker, Mineraloge, Zoograph, Ökologe und Gärtner ausgewiesen. Nachdem er 1262 die Würde eines Bischofs zu Regensburg niedergelegt hatte, widmete er sich in Köln ausschließlich den Wissenschaften. Wegen seiner umfassenden Gelehrsamkeit nannten ihn seine Zeitgenossen Doctor universalis. Die Kenntnisse des Albertus über Naturtatsachen beruhten auf eigenen Funden und persönlichen Beobachtungen, die er während ausgedehnter Wanderungen machte, zum anderen beruft er sich auf Berichte seiner Gewährsmänner (die philosophischen, naturwissenschaftlichen und Gartenbauschriftsteller vor Albertus), zum Teil wurden ihm Kenntnisse im Beichtstuhl anvertraut.

Im Gegensatz zur scholastisch geprägten Zeit hatte sich Albertus dazu bekannt, die Pflanzenwelt als natürliche Ordnung zu behandeln. Es gelingt ihm, wie keinem zweiten Gelehrten, das Mittelalter in die Kulturgeschichte der Menschheit einzubinden. Alle ihm vorausgegangenen Denker hielt er für wichtig und wert, im Hinblick auf ihre praktische Anwendbarkeit zu prüfen. So erscheinen in Albertus' Schriften die Griechen Aristoteles und Theophrast neben dem arabischen Gelehrten Avicenna (Ibn Sina) und den römischen Schriftstellern Columella, Plinius, Martialis und Vitruvius. Man findet diese und weitere Namen in den pflanzenphysiologischen und -morphologischen sowie pflanzenökologischen Texten, er berücksichtigt sie auch in seiner Theorie des Gartenbaus, stets

Gärtner beim Ausputzen
von Bäumen und Gesträuch.
Holzschnitt, Straßburg 1502

gemessen an seinen eigenen Erkenntnissen. Albertus entwickelte die noch heute geltenden Begriffe zur Unterscheidung von Fruchtständen wie Traube, Ähre und Fruchtstand der Dattelpalme. Auch die Teile des Samens in ihrer Beziehung zur Fortpflanzung schilderte Albertus aufgrund der von ihm vorgenommenen Beobachtungen. Pflanzenökologische Überlegungen enthält seine vergleichende Untersuchung von Standorten (Biotopen) einzelner Pflanzenarten. Er verglich pflanzliches Leben unter den extremen Bedingungen von siedendheißem Wasser und von Schwefelquellen sowie des ewigen Schnees. Als ungünstige Standorte beschrieb er außerdem die sandigsalzigen Wüsten und Felsen. Für besonders günstige Lebensbedingungen hielt er feuchte und warme Landschaften, wozu er auch die Südhänge im Gebirge zählte.

In »De vegetabilibus libri«, in dem »Buch über die Pflanzen«, befaßte sich Albertus am gründlichsten mit der Theorie des Gartenbaus. Er beginnt die Abhandlung mit der Frage nach der Domestizierung und beschreibt vier Möglichkeiten zur Veränderung der Pflanzen aus dem Stadium der Wildheit in das der Kultur: 1. die Nahrung, 2. die Bodenbearbeitung, 3. die Aussaat und 4. die Pfropfung. In den folgenden Ausführungen wendet er sich zuerst dem Zusammenhang von Düngung und Pflanzenernährung zu. Hier ist Palladius sein Gewährsmann. Ebenso wie dieser erörterte Albertus die Bedeutung des Mistes von Landvögeln, insbesondere von Tauben und bemerkt dazu: »Dieser Dünger ist nämlich sehr hitzig, und er nimmt durch seine Wärme die überschüssige Feuchtigkeit weg, wodurch er besser als Pflanzennahrung paßt. So wird auch von den Landleuten der Mist der Esel, Pferde, Schafe und Ziegen genommen. Diese haben nämlich rundliche und trockene Auswürfe, welche sich aus den angeführten Gründen besser für die Pflanzendüngung eignen. Aus diesen Gründen muß man sich auch vor dem Schweinedünger hüten, der durch seine Feuchtigkeit den Pflanzen viel Schaden zufügt … Der tierische Dünger ist besser, wenn er auf dem Wege der Zersetzung ist, als wenn er schon zersetzt ist, weil er nach der Zersetzung wieder die natürliche Wärme hat. Er eignet sich am besten, wenn er bei der Verwesung auf der Oberfläche eine natürliche Flüssigkeit ausschwitzt, da eben diese der Pflanzenernährung dient … Einjähriger oder dreivierteljähriger Dünger eignet sich am besten … Durch zu warmen und nicht gut zersetzten Dünger verbrennen viele Pflanzen, wenn ihnen nicht genü-

Plan eines mittelalterlichen Gartens aus:
De vegetabilibus von Albertus Magnus,
um 1260

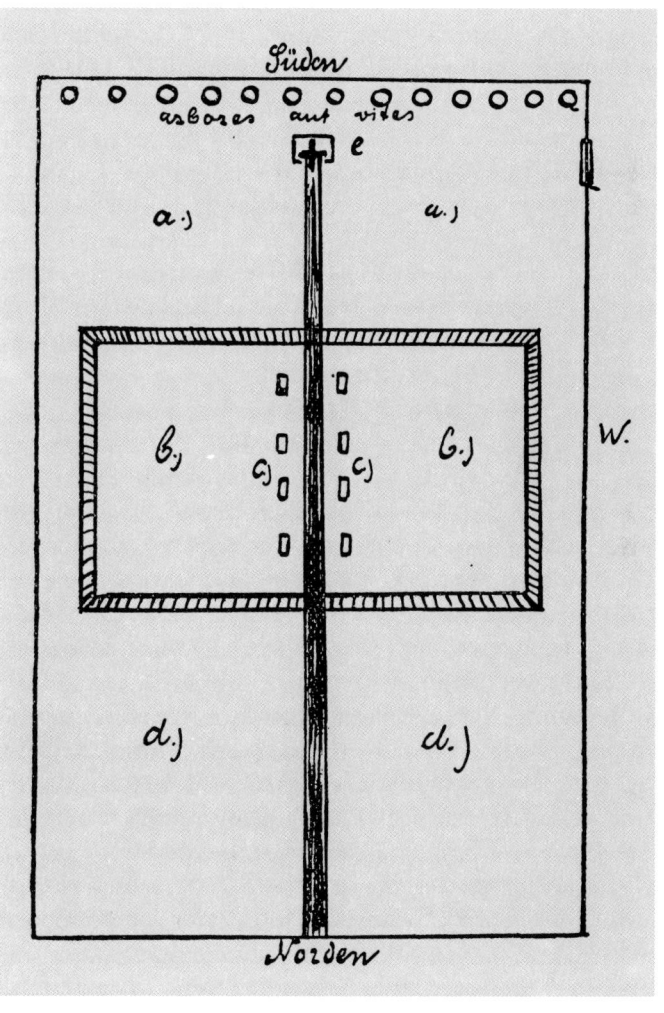

gende Feuchtigkeit zur Verfügung steht, durch fortgesetztes Begießen. Das Verbrennen erfolgt an den Wurzeln und erstreckt sich dann in Form von Austrocknung über die ganze Pflanze.«[13]

Das Düngen oder die Ernährung der Pflanzen ist für Albertus gleichbedeutend mit Kultur. Es ist jenes kulturelle Mittel, das die Pflanze am meisten verändert. Die Wildheit der Pflanze ist daher für ihn nichts anderes als »vernachlässigte Kultur«. Durch Kultur würde zum Beispiel auch der Geschmack der Früchte beliebig verändert.

Das Wissen um die belebende Wirkung der Nilüberschwemmungen, die Beobachtung, daß die Gezeiten besonders fruchtbaren Schwämmlandboden an der Nordseeküste hervorbringen und die Erfahrung, daß auf dem Boden der Teiche durch Zersetzung fortwährend natürlicher Dünger entsteht, ist für Albertus Anlaß, den Schlamm als zusammengesetzten Dünger für die »geeignetste Pflanzennahrung« zu halten.

Weitere Beobachtungen teilt Albertus in einem Kapitel über Baumgärten mit. Er empfiehlt im Herbst die Untergrunddüngung, das Zuführen von Dünger so nah wie möglich an die Wurzeln heran. Besonders gut würden Obstbäume dort gedeihen, wo Nährflüssigkeit auf natürliche Weise zufließt wie an Abhängen und in Tälern. Solche Örtlichkeit veredele die Bäume. Fehlendes Wasser müsse durch Gräben herangeleitet werden. Zu bedenken sei auch, wieviel Nahrung einem Baum an seinem Standort zu Verfügung steht. Albertus ergänzt diese Überlegungen durch Hinweise für den richtigen Baumschnitt.

Albertus kannte noch nicht die Wirkung von Mikroben auf die Bodengare. Was er beobachtete, erklärt er physikalisch. Aber auch hierfür hatte er reichlich Gelegenheit, denn die Beobachtung des Wechsels der Jahreszeiten, von Wärme und Kälte, Feuchtigkeit und Trockenheit, gehört ja zum Alltag des Gärtners. Von derartigen Beobachtungen und Erfahrungen hängt letztlich die Art und Weise der Bodenbearbeitung ab. Die richtige Bodenbearbeitung hat nach Albertus vier Vorteile: 1. die Öffnung, 2. die bessere Ausgleichung, 3. die Vermischung und 4. die Zerkleinerung des Bodens. Unter Öffnung des Bodens versteht er das tiefe Umgraben mit dem Spaten. Zwei bis drei Fuß unter der Oberfläche sei der Boden fetter als an der Oberfläche, weil die »oberen Bodenbestandteile nach unten durchgewaschen werden«. Man müssen ihn deshalb nach

Höfischer Ziergarten.
Flämische Miniatur, Ende 15. Jh.
British Museum, London.
Dieser Phantasiegarten und der
Plan von Albertus Magnus (S. 79)
sind nach dem gleichen Muster gestaltet

oben befördern, nötigenfalls durch das Rigolen mit dem Spaten. Man habe nämlich die Erfahrung gemacht, daß das Regenwasser Nährstoffe bis auf zehn Fuß Tiefe auswaschen kann. Durch die Bodenbearbeitung würde erreicht, daß der Boden gleichmäßig feucht und trocken oder gleichmäßig kalt und warm ist. »Ohne die Vermischung der Bodenbestandteile ist kein Pflanzenwachstum möglich«, folgerte Albertus. Ausführlich befaßt er sich mit der Herstellung einer zweckmäßigen Bodenstruktur durch zeitgerechtes Zerkleinern (Graben oder Pflügen) des Bodens. Ein fester, schwerer und dazu stark verunkrauteter Boden konnte dem mittelalterlichen Gärtner oder Bauern das Tagwerk schon sauer werden lassen. Albertus empfiehlt in diesem Falle, die Äcker zu verlassen, »bei denen der Fleiß die Früchte nicht aufwiegt«. Im Hinblick auf seine Ausführungen über die Auswahl der für die Domestikation der Pflanzen günstigsten Böden lehnt sich Albertus wiederum eng an seinen Gewährsmann Palladius an.

Zu Fragen der Aussaat von Samen bewegte sich Albertus in antiken Gedankengängen. Ebenso wie die Autorität Aristoteles schrieb er dem Mondlicht eine besondere »bildnerische Kraft der Samen« zu. Der günstigste Zeitpunkt der Aussaat sollte daher mit dem lebenspendenden Sonnen- und Mondlicht abgestimmt werden. Dem Mondlicht, das er (richtig) als mit dem Licht der Sonne verbunden dachte, kam in dieser Konstellation die Aufgabe zu, negative Wirkungen der Sonnenstrahlen (zum Beispiel deren austrocknende Wirkung) abzuschwächen, auszugleichen oder aufzuheben. Albertus' Standorttheorie spielte auch in seine Abhandlung über die Aussaat hinein. Sie enthält Hinweise über die Unverträglichkeit verschiedener Pflanzen, wenn diese zur gleichen Zeit, zusammen und zu eng ausgesät werden. Schließlich macht er auf die Keimfähigkeit des Samens aufmerksam.

Albertus beschließt seine Überlegungen über die Verwandlung von Wild- in Nutz- oder Kulturpflanzen mit einer Darlegung über die Pfropfung. Sein Wissen umfaßte im wesentlichen bereits die noch heute bekannten und gebräuchlichen Methoden. Er beschreibt sie als vier Arten der Pfropfung: »1. Alle Reiser des Baumes werden bis über die Mitte des Markes quer angeschnitten und dann an den Schnittstellen verbunden, so wie man Wunden verbindet und dann wird Wachs und Lehm herumgeschmiert zum Schutz gegen Regen und Schädigungen von außen (Kopulieren!). 2. Der-

selbe Baum wird am Stamm abgeschnitten, gut geebnet und ge-
plättet und das Pfropfreis, das oben am Stamm entnommen ist,
dem Stamm eingesetzt. 3. Das Reis eines Baumes wird in den
Stamm eines anderen eingesetzt und dieses geht in dem Stamm an.
Je näher sich die Arten stehen, um so besser gelingt die Maßnahme.
Diese Methoden gelten für Bäume, welche richtige Poren haben
und durch Holzgefäße (Kambium) von der Wurzel aus Nahrung
aufnehmen (Okulieren!). Beim Weinstock aber und bei einigen anderen, welche vom Mark aus wachsen (Einkeimblättrige!), kommt
die vierte Art der Pfropfung in Betracht, bei der ein Auge bis zum
Mark herausgeschnitten, die Wunde erweitert und übers Kreuz
nach beiden Seiten schief eingeschnitten wird. Dann wird das Auge
eines anderen Weinstockes herausgenommen und an Stelle des
vorher ausgeschnittenen eingefügt (Insertion!). Das könnte vielleicht auch bei anderen Bäumen geschehen. Wir haben die Methode aber nur beim Weinstock als gebräuchlich kennengelernt.«[14]
Albertus ergänzt seine Betrachtungen mit einer Reihe Empfehlun-
gen zur zweckmäßigsten Auswahl der Pfropfreiser sowie über die
»bessere Jahreszeit«. Abschließend vergleicht er die Veredlung des
Obstes durch Pfropfung mit der Veredlung des Gemüses durch
Umpflanzung. Kopfkohl, Lauchgemüse und Salat würden durch
Umpflanzung geschmacklich ebenso verbessert wie die Größe und
der Geschmack des Obstes.

Ausschließlich der Feder des Albertus Magnus stammt die Schilderung von den »grünen und lustbarlichen Gärten«. Es ist die wohl
anschaulichste Wiedergabe mittelalterlicher Lustgartenbeschreibung: »Es gibt gewisse Plätze, die weniger dem Nutzen und größe-
rem Fruchtgewinn als dem Vergnügen dienen und eher in der Kultur vernachlässigt sind und deswegen zu keiner der beschriebenen
Ackerformen in Beziehung gebracht werden können. Diese werden ›viridantia oder viridaria‹ (= grüne Lustgärten) genannt. Weil
sie zur Ergötzung von vorzüglich zwei Sinnen dienen, nämlich des
Gesichts und des Geruchs, werden sie unter Fernhaltung der Maß-
nahmen, welche vorzugsweise der Pflanzenkultur dienen, angelegt.
Das Auge wird nämlich durch nichts so sehr ergötzt als durch fei-
nes, nicht langes Gras. Das kann aber nur auf einem mageren und
festen Boden erzielt werden. Man muß also einen Platz, der für
einen Lustgarten eingerichtet werden soll, zuerst von alten Wurzeln gut reinigen, was kaum geschehen kann, wenn man nicht die

Wurzeln ausgräbt, den Platz aufs beste ebnet und allenthalben kräftig mit kochendem Wasser übergießt, damit die Reste der Wurzeln und Samen, die im Boden verborgen sind, verbrannt werden und nirgendswo keimen können. Alsdann muß mit mageren Rasenstücken eines feinen Grases der ganze Platz belegt werden, und dieselben müssen mit breiten, hölzernen Hämmern fest eingedrückt und die Gräser mit den Füßen in den Boden eingestampft werden, bis sie kaum mehr zu sehen sind: dann brechen sie allmählich haarfein hervor und bedecken die Oberfläche nach Art eines grünen Tuches. Man muß den Rasen in solchen Ausmaßen anlegen, daß hinter dem Rasen im quadratischen Ausschnitt alle Arten aromatischer Kräuter, wie Raute, Salbei, Basilicum gepflanzt werden können und desgleichen alle Arten von Blumen, wie Veilchen, Akelei, Lilie, Rose, Schwertlilie und ähnliche. Zwischen diesen Kräuterbeeten und dem (erstgenannten) Rasenstück soll am Ende desselben ein erhöhtes Rasenstück angelegt werden voll lieblicher Blumen und ungefähr in der Mitte zum Sitzen geeignet, so sich die Sinne erholen und die Menschen sitzen können, um sich ergötzlich auszuruhen.

Auf dem Rasen sind gegen die Sonnenseite hin Bäume zu pflanzen oder Weinreben hochzuziehen, durch deren Laub der Rasen gewissermaßen geschützt ist und ergötzlichen und erfrischenden Schatten empfängt. Von solchen Bäumen erwartet man mehr Schatten als Früchte und deshalb kümmert man sich nicht viel um ihre Bodenbearbeitung und Düngung, welche dem Rasen vielen Schaden zufügt. Man muß sich davor in acht nehmen, daß die Bäume nicht allzu dicht stehen und daß es allzu viele sind, weil die Fernhaltung des frischen Luftzuges die Gesundheit beeinträchtigen könnte. Deshalb will der Lustgarten freie Luft und Schatten haben. Dann muß man sich noch besser davor hüten, daß die Bäume bitter sind, weil deren Schatten Schwächezustände erzeugt, wie das bei der Welschnuß und anderen Bäumen der Fall ist. Die Bäume sollen vielmehr süßer Natur sein, mit wohlriechenden Blüten und angenehmen Schatten, wie das bei den Weinstöcken, den Birn- und Apfelbäumen, den Granatäpfeln, dem Lorbeer und den Cypressen der Fall ist. Hinter dem Rasen aber herrsche eine Vielzahl von Medizinal- und Küchenkräutern (aromaticae!), welche nicht allein durch ihren Geruch ergötzen, sondern auch die Mannigfaltigkeit der Blüten das Auge erfreuen und durch ihre Vielgestaltigkeit den

Blick des Beschauers auf sich lenken. Solchen Anlagen soll besonders die Raute beigestellt werden, weil sie ein schönes Grün hat und
durch ihre Bitterkeit die giftigen Tiere aus dem Lustgarten ver-
scheucht.

In der Mitte des Rasens aber sei kein Baum, sondern lieber glatte
Fläche, so daß man sich an gesunder und freier Luft erfreuen kann
und weil dann auch nicht die von Baum zu Baumzweig ausge-
spannten Spinnennetze die Gesichter der Hindurchgehenden be-
hindern und bedecken können, wenn nämlich der Rasen mit Bäumen bepflanzt wäre.

Wenn es aber möglich ist, soll eine sehr reine, in Stein gefaßte
Quelle in die Mitte geleitet werden, weil deren Reinheit viel Vergnügen macht. Nach Norden und nach Osten sei der Lustgarten
offen wegen der Gesundheit und Reinheit der hier einströmenden
Winde. Nach der entgegengesetzten Windrichtung aber, das heißt
nach Süden und nach Westen sei er geschlossen wegen der Stür-
mischkeit, Unreinheit und schwächenden Wirkung dieser Winde.
Wenn auch der Nordwind die Fruchtbildung behindert, so bewahrt
er doch in wunderbarer Weise die geistige und körperliche Gesundheit der Menschen. Ergötzung nämlich verlangt man vom
Lustgarten und keine Früchte.«[15]

Albertus' Beschreibung eines mittelalterlichen Ziergartens lehnt
sich vermutlich an südliches Vorbild an. Ganz gewiß ist sie auch ein
Spiegel der verschiedenen zeitgenössischen Gartenarten. Von Albertus zu einer Ganzheit gefügt, nimmt sie den viel späteren deutschen Renaissancegarten vorweg. Der beigefügte Plan weist keine
Wege auf. Anstelle von Beeten für Zierpflanzen gibt es die Blumenwiese. Nur die Heil- und Küchenkräuter sind aus praktischen
Gründen auf Beeten untergebracht. Eine gute Illustration zu Albertus' Lustgartenbeschreibung ist »Der Paradiesgarten« eines mit-
telrheinischen Meisters um 1420. Man sieht im Hintergrund die
Beete mit den Heilpflanzen, davor den etwas erhöhten Rasen mit
den Sitzgelegenheiten (Rasenbänke). Die von Albertus empfoh-
lene Quelle mit Ablauf ist ebenfalls zu finden. Aus dem Rasen
sprießen Schneeglöckchen, Maßliebchen, Schlüsselblumen, Mai-
blumen, weiße Lilien und weitere Zierblumen hervor. Hinzu kommen Bäume mit auffallend geringer Kronenentwicklung.

Die Entwicklung des Ziergartens blieb im Mittelalter auf wenige
Beispiele beschränkt. Zu diesen zählen bereits die Gärten Karls des

Großen in der Kaiserpfalz bei Aachen. Sie waren nach antik-orientalischem Vorbild angelegt. Existierten Burggärten, so stellten sie im allgemeinen eine Mischung von antiken Villengärten und Bauerngärten dar. In der Nähe von Verteidigungsanlagen der Burgen waren Blumenwiesen beliebt, auf denen die Ritterturniere und andere weltliche Belustigungen stattfanden. Das in der Malerei des 15. und 16. Jahrhunderts verbreitete Motiv »Blumenwiese« oder »Rosenhag« geht auf diese Gartenart zurück. Die Darstellung des mittelalterlichen Gartens auf Gemälden und Miniaturen ist jedoch hauptsächlich an klösterlichen Gestaltungsformen orientiert. Beispiele sind der »Meister des Paradiesgärtleins« um 1420 nach dem Muster des »Paradiesgartens« des Klosterinnenhofes oder der »Meister der hl. Gundula«, eine Mariendarstellung mit Garten um 1480, nach dem Muster von Nutzgärten. Vor allem die Malweise des Klosterinnenhofes als paradiesischer Zustand zeigt, daß am Ausgang des Mittelalters die Idee vom Garten als Lustgarten wieder belebt worden war. Interessant ist ferner, daß der orientalische Kiosk in der Kunstgeschichte nun als Gartenlaube erscheint.

Die Geschichte des deutschen mittelalterlichen Gartenbaus wäre unvollständig, wenn man den Einfluß unterschlägt, den ein italienischer Theoretiker des Acker- und Gartenbaus, der in Bologna geborene Petrus de Crescentiis, ausgeübt hat. Sein Alterswerk, die Schrift »Opus ruralium commodorum«, hatte er um 1305 vollendet und König Carl II. von Sicilien gewidmet. Das Buch schließt unmittelbar an die antiken Schriftsteller an, vor allem an Columella. Es stellte eine Art Enzyklopädie oder gesammeltes Wissen auf dem Gebiet von Acker- und Gartenbau dar. Wenn man allein die Auflagendichte des 15. Jahrhunderts zugrunde legt, muß es eine sehr beliebte Lektüre gewesen sein. In diesem Jahrhundert erschienen vier lateinische Ausgaben ohne Bilder. Nach einem weiteren lateinischen bebilderten Druck (Mainz 1493) wurden in kurzer Folge deutsche Übersetzungen in Speyer (um 1493) und in Straßburg (1493) herausgegeben. Italienische Übersetzungen erschienen in Florenz (1478), in Vicenza (1490) und in Venedig (1495), eine französische Ausgabe 1486 in Paris. Petrus de Crescentiis rezipierte nicht nur das antike Wissen, er war auch offen für die deutsche mittelalterliche Literatur. So hat er mindestens den Text über die Lust- oder Ziergärten von Albertus Magnus fast wörtlich abgeschrieben und somit zu dessen Verbreitung beigetragen.

Zu den erwähnenswerten Persönlichkeiten des auslaufenden Mittelalters gehört noch Konrad von Megenberg, Regensburger Dom- und Ratsherr und Lehrer an der Pariser Universität. Er hat die erste in deutsch abgefaßte Naturgeschichte geschrieben. Sie repräsentierte ausschließlich mittelalterliches Wissen. Die Naturgeschichte des Konrad von Megenburg, das »Buch der Natur« ist zwischen 1349 und 1350 entstanden und genoß weite Verbreitung. In der Gartenbaugeschichte gilt es vor allem als Beleg dafür, daß bereits im Mittelalter die Topfpflanzengärtnerei als Gewerbe betrieben worden ist.

Insgesamt muß aber anerkannt werden, daß die Zeit vom Niedergang des römischen Weltreiches bis zur Reformation überwiegend von ökonomischer Stagnation gekennzeichnet war. Schnellere Entwicklungsphasen zeigten sich zwischen dem 7. und 10. Jahrhundert in den vom Islam berührten Gebieten, im deutschen Mittelalter des 13. Jahrhunderts und in der italienischen Renaissance. Von dort ausgehend erfassen neue Entwicklungsschübe Nord- und Westeuropa. Von diesen Prozessen war der Gartenbau stets mit betroffen.

Gärtner im Namen
Allahs

NACH DEM ZUSAMMENBRUCH des Römischen Reiches
begann im 7. Jahrhundert n. Chr. die sarazenisch-arabi-
sche Kultur und Wissenschaft ihre Entwicklung. Zwischen
dem 9. und dem 12. Jahrhundert gelangten die sarazenischen Reiche zur höchsten Blüte. Die westlichste Grenze lag in Südspanien,
wo die marokkanischen Berber (Mauren) ein selbständiges Kalifat
errichteten. Diese westlichste Bastion des Islam wurde im 12. Jahrhundert der Höhepunkt der klassischen arabischen Renaissance.
Die östlichste Ausdehnung der arabischen Eroberungen reichten
bis zum Aralsee und Indien. Während zur gleichen Zeit der europäische Norden und Westen ökonomisch stagnierte, dehnte sich
der Handel unter arabischer und islamischer Herrschaft weit über
die eroberten Gebiete hinaus aus. So bestand im 8. Jahrhundert
eine Handelsfaktorei der Mohammedaner in Kanton. Im 10. Jahrhundert endete die westliche Schiffahrt in der Gegend des heutigen Singapurs. Noch 1178 heißt es in einem chinesischen Bericht:
»Von all den reichen fremden Ländern, die einen großen Vorrat
von köstlichen und mannigfaltigen Gütern haben, übertrifft keines
das Reich der Araber. Nach ihm kommt Java, das dritte ist Palem-
bang (Sumatra) ...«.[16] Chinesische Waren wurden in Oman, Siraf,
Ubullah und Basira gelöscht. Im 10. Jahrhundert beherrschten die
Araber das Mittelmeer, und Neapel, Gaeta und Amalfi verbündeten
sich mit den Sarazenen. Die Bezeichnung Sarazenen – Volk im
glücklichen Arabien – wurde im frühen Mittelalter fälschlicher-
weise für alle Araber und für die Mohammedaner gebraucht und
wird in der Kulturgeschichte bis heute verwendet.

   Da kein Angehöriger des islamischen Glaubens zum Sklaven gemacht werden durfte, verwendete man Acker- und Gartenerzeug-

nisse als wichtige Austauschprodukte gegen Sklaven und Gold. Vom südlichen Marokko aus wurde zu diesem Zweck das ganze Äquatorialafrika mit Datteln beliefert. Der Handel mit Speiseölen – Olivenöl aus Syrien und Nordafrika, Sesamöl Babyloniens und Afghanistans, Rettich- und Rübenöl aus Ägypten –, intensivierte den Anbau dieser ölliefernden Pflanzen. Palästina und Ägypten bauten den kartoffelähnlichen Taro an, der bis Polynesien eines der Grundnahrungsmittel darstellte. Der Weinanbau wurde, als Erbe der Feldzüge Alexanders des Großen, von Mesopotamien und Südarabien bis Persien und Armenien betrieben. Es folgten der Anbau von Zitrone und Pomeranze. Bedeutende Ausmaße nahm die Wassermelonenzucht an.

Auf den Handelswegen fanden Nutz- und Zierpflanzen Verbreitung, die die Römer noch nicht kannten, vor allem Blumen und Obstarten. Die Gartenkunst gedieh unter den islamischen Gärtnern zu hoher Vollendung. Befruchtend wirkte der mythologische Rückgriff auf die Genesis des Alten Testaments. Die Vorstellung vom Paradies war eines der wichtigsten Leitbilder. Der Islam nährt den Glauben, daß der irdische Lebensweg jedes Mohammedaners in den Garten und das Paradies führt. In der 47. Sure des Korans teilen die vier alttestamentalischen Wasserläufe die Gärten Allahs in vier Gartenareale, die man als Vorwegnahme und Spiegel der Himmelsgärten als irdische Gärten zu gestalten suchte. Im Namen Allahs schufen die sarazenisch-arabischen Gärtner phantastische Gartenanlagen, paradiesisch schön und lieblich. Aus dem geographischen Raum des nordwestlichen Irans und des Kaukasus stammt die andere künstlerische Umsetzung des Paradieses, der sogenannte persische Gartenteppich. Dieser stellt aus der Vogelschau die Anlage eines persischen Gartens dar. Man erkennt die sich im rechten Winkel schneidenden Flußarme (Kanäle) mit Enten und Fischen. Im Zentrum der Anlage befindet sich ein großes Wasserbecken. In den einzelnen Beeten stehen Bäume mit Vögeln und anderen Tieren. Der persische Gartenteppich wurde in den folgenden Jahrhunderten immer wieder reproduziert. Das berühmteste Exemplar, der Jaipur-Teppich, wurde Anfang de 17. Jahrhunderts geknüpft. Am nachhaltigsten prägte islamische Gartenkultur die Landschaft der Pyrenäenhalbinsel. Noch heute sind die Reste der andalusischen Terrassengärten, der Palastgarten Abdurrhamans in der Gartenstadt es-Zahra (10. Jahrhundert), der Garten des Lust-

Persischer Gartenteppich
mit stilisierter Darstellung des Paradieses, um 1700.
Victoria and Albert Museum, London.
Islamische Gärten und persische Gartenteppiche
weisen die gleiche Symbolik auf

schlosses Generalife (13. Jahrhundert) und der Myrtenhof der Alhambra in Granada (14. Jahrhundert) glänzende historische Zeugnisse. Ebenso den wunderbaren Garten aus »Tausendundeine Nacht«, den der Kalif Harun al-Raschid in seinem Palast in Bagdad anlegen ließ, hat es wirklich gegeben. Solche Al-Gjanneh, Oasen des Friedens und des ewigen Frühlings, die dem Paradies im Jenseits nachempfunden wurden, befanden sich noch in Samara, Damaskus und Kairo.

In al-Andalus wurde Acker- und Gartenbau mit ganz besonderer Sorgfalt betrieben. Man hatte genaue Kenntnis des Bodens, des Klimas und von der Kultivierung der Pflanzen. Die Römer hatten Aquädukte und Rückhaltebecken hinterlassen, beides übernahmen die Mauren. Aber unter den maurischen Ingenieuren gelangte die Bewässerungstechnologie zu einer bis dahin unbekannten Blüte. Für ihre künstlichen Bewässerungssysteme benötigten sie die Noria, haushohe Schöpfräder, die sich, von der Strömung getrieben, an den Flußläufen befanden. Das mit den Noria geschöpfte Wasser wurde den Äckern, Gärten und Städten zugeführt. Teil des Bewässerungssystems war auch der Kanat, eine Stollenbautechnik zur unterirdischen Wassergewinnung. Über senkrechte Schächte wurden waagerecht verlaufende unterirdische Stollen vorangetrieben, durch die das erreichte Grundwasserreservoire angezapft und in die gewünschte Richtung geleitet wurde. Die Schächte fungierten nach Fertigstellung des Kanats als Zugangs- und Entlüftungsöffnungen. Derartige Anlagen gibt es noch heute. Den enormen Trink- und Brauchwasserbedarf deckten schließlich Flußstauwerke und ein genau berechnetes System von Primär- und Sekundärkanälen. Das Bewässerungssystem in der weiten Fruchtebene von Valencia arbeitet heute noch auf der Grundlage des von den maurischen Ingenieuren ausgeklügelten und berechneten Systems. Sowohl der Acker- und Gartenbau als auch die Wasserwirtschaft unterlagen rechtlichen Regelungen. Eine Gesetzessammlung über den Ackerbau ist überliefert. Noch heute funktioniert eine andere Rechtskörperschaft, das Tribunal de las Aquas (das Wassergericht). Es überwacht die gerechte Wasserentnahme und soll auf Abdurrhaman III. zurückgehen, der 929 das Kalifat übernahm.

Als Babur, der Begründer der indo-islamischen Moghul-Dynastie, Feldherr und Dichter, 1526 Nordindien eroberte, vermißte er

Babur beaufsichtigt persönlich die Arbeiten der Gärtner
in seinem »Garten der Treue«.
Rechter Teil einer doppelseitigen Miniaturmalerei
aus der Autobiographie des Babur, Baburnama, 1589.
Zwei Gärtner spannen parallel zum Kanal eine Schnur,
andere sind mit Umgraben beschäftigt,
und einer präsentiert ein Pflanzschema

die ihm vertraute ostiranische Gartenkunst. Unverzüglich ließ er am Ufer der Yamuna Gärten anlegen und versah sie mit Pavillons, langen Alleen mit Rosensträuchern, Weinreben und Obstbäumen. Die Arbeit der Gärtner beaufsichtigte er persönlich. Keiner seiner Nachfolger im Amt des Großmoguls verzichtete auf die von Babur inszenierte Prachtentfaltung. Der Islam verdrängte die ältere Gartenkultur Indiens, die vor der Mogulzeit buddhistisch geprägt war und vor allem Gartenhaine und Stadtgärten hervorgebracht hatte. Die Gartenkultur des alten Indien hatte im 1. Jahrhundert v. Chr. ihre Blüte erreicht. Die Ruinenstädte Mohenjo-Daro und Harappa im unteren bzw. oberen Indusgebiet blicken auf ein Alter von über 4000 Jahren zurück. Ohne eine entwickelte Fluß- und Oasenkultur wäre der Bau der ausgedehnten Anlagen nicht möglich gewesen. Geographisch gesehen war Indien durch die Jahrhunderte ein natürliches Bindeglied und damit kultureller Transformator zwischen den Reichen Ostasiens und Europas.

Nach Süden drang der Islam entlang dem Nil vor. Die Stadt Timbuktu (Sudan) wurde einer der arabischen Brückenköpfe nach Afrika hinein. Selbstverständlich säumten Obstbäume und Gärten die islamische Universität Timbuktu, deren Gründungsdatum nach dem Bau der islamischen Universität zu Granada (1349) anzusetzen ist. Über Kanäle war Timbuktu mit dem Nil verbunden.

Das Bedürfnis nach wissenschaftlicher Arbeit entwickelte sich seit dem 8. Jahrhundert. Wissenschaftliche Analyse wurde auf alle Gebiete ausgedehnt. Außerdem studierte man die Quellen der griechisch-römischen Antike. Der große Kalif Mamun gründete Anfang des 9. Jahrhunderts ein Haus der Wissenschaft, in dem alle erreichbaren fremden Bücher, ausgenommen die des Aristoteles, übersetzt wurden. Der Theorie des Acker- und Gartenbaus wandte sich im 12. Jahrhundert Ibn Alawwam zu. In seinen Schriften befaßte er sich mit Fragen der Düngung und Bewässerung, mit Getreide- und Gartenbau sowie speziell mit der Baumzucht.

Im Hinblick auf botanisches Wissen stützten sich die arabischen Gelehrten in erster Linie auf die Autorität der griechischen Ärzte Dioskurides und Galenus (1. bzw. 2. Jahrhundert n. Chr.). Das Werk des bedeutendsten arabischen Floristen im 12. Jahrhundert, Ibn el Beithar, enthält über ein Drittel Synonyme und 200 neu aufgenommene Pflanzenarten, die er durch eigene Forschung und durch Reisen zusammengebracht hatte. Derartige Erweiterungen

in der Erkenntnis von Pflanzenarten kann das christliche Abend-
land in dieser Zeit nicht aufweisen. Sein Schüler Ibn Abi Ossaibiah,
ein Historiker der Medizin, berichtete über seinen Lehrer: »Ich sah
ihn zuerst zu Damas und lernte seine persönlichen Eigenschaften
und sein tiefes Wissen von den Pflanzen wertschätzen. Wir hatten
bei uns die Schriften des Dioskurides, des Galenus und des El-Gha-
feky und andere ähnliche. Er sagte mir zuerst die griechischen Namen, wie sie sich im Dioskuridis finden, dann was dieser von den
Pflanzen sagt, von ihrem Habitus und ihren Eigenschaften. So
machte er es auch mit Galenus und den späteren Schriftstellern,
wobei er ihre Irrtümer und Widersprüche angab. Ich konnte also
seine tiefen Pflanzenkenntnisse feststellen und bewundern, wie
sehr er den Sinn der Schriften des Dioskurides und Galenus inne
hatte.«[17]

Ibn el Beithar hinterließ nach einem Urteil Leclercs (1876) »die
ernsthafteste, vollständigste und ausgedehnteste« Sammlung von
Heil- und Nahrungspflanzen, die uns die Araber hinterlassen haben. Die Hälfte seines Werkes ist auf griechische Quellen bezogen.
Er zitiert 150 Autoren, unter diesen Araber und Perser, Syrer,
Chaldäer und Inder, deren Werke ins Arabische übersetzt worden
waren.

Die hochentwickelte Gartenkultur der sarazenisch-arabischen
Renaissance nahmen die Gärtner des christlichen Abendlandes mit
großen Verzögerungen zur Kenntnis. Einen relativ frühen Zugang
ermöglichten wohl die Kreuzfahrer, die im 12. Jahrhundert neben
anderem Raubgut auch verschiedene Gartenpflanzen mitbrach-
ten. Die Pistazie, Limone, Aprikose, Wassermelone, der Sesam und
Johannisbrotbaum sind solche »Importe«. Gewürze wie Kardamon,
Muskatnuß und Muskatblüte sind mit den Kreuzfahrern nach
Nord- und Westeuropa gekommen. Frühe Beschreibungen und Berichte von berühmten orientalischen Gärten verdanken wir ebenfalls den Kreuzfahrern. Auch die maurische Gartenkultur ist erst im
15. Jahrhundert durch Reisende bekannt geworden. Überliefert ist
ein Brief des Lorenzo Strozzi, der im April 1446 an seine Mutter
Alessandra Strozzi schreibt, daß man in Valencia Apfelsinenbäume
zu Gartenhecken verwende, wie in Florenz Jasminstauden.

1492 verliert die islamische Welt Granada, sieben Jahre später
beginnt die Ausmerzung des arabischen Wissens durch die Ver-
brennung der vorgefundenen Bücher, 1566 wird die arabische

Sprache verboten. Die von den Mohammedanern großzügig geübte Toleranz gegenüber Juden und Christen konnten die katholischen Könige, die fortan Spanien regierten, nicht nachvollziehen. Erst wieder im 16. Jahrhundert wendet man sich den Schöpfungen der sarazenisch-arabischen Gartenkünstler sowie den hinterlassenen Spuren des Nutzgartenbaus zu. Man nimmt die Gartenanlagen mit den vielen springenden Brunnen, dem charakteristischen Kiosk und den zahlreichen Rosen, Granat- und Apfelbäumen neben der dunklen Cypresse als Kunstwerke zur Kenntnis, die den ganzen Mittelmeerraum beeinflußten und von dort auch auf Deutschland Einfluß hatten. Man erkennt die Agrargesetze der Araber als musterhaft und alles Vergleichbare übertreffend an. Ben Achmed von Sevilla hatte sie unter Hinzuziehung von Chemikern, Naturforschern und Landwirten geschaffen. Der Gartenbau wurde als hervorragender Teil des maurischen Ackerbaus aufgefaßt. Schließlich fehlt in dem 1580 erschienenen Werk des deutschen Acker- und Gartenbautheoretikers Sebizio nicht ein Hinweis darauf, daß das europäische Spanien Reisbau, die Kultur des Zuckerrohrs und der Baumwolle sowie die Luzerne den Mauren verdanke.

Westeuropäische Reisende, die in der ersten Hälfte des 19. Jahrhunderts Mesopotamien und Persien besuchten, waren tief beeindruckt vom Erbe islamischer Gartenkultur. Über Bassora berichteten sie, daß der größte Teil der Stadt innerhalb der Stadtmauern aus Gärten und Dattelpflanzungen bestünde. Für die Bewässerung dieser Pflanzungen und Gartenanlagen sorgten mit dem Euphrat verbundene Kanäle. Im 19. Jahrhundert ist mitunter mehr eine Ahnung von der ehemaligen Pracht verblieben. Und so schließt ein anderer Reisebericht etwas wehmütig: »Der Garten, der etwa acht bis zehn Acker groß, und mit einer Lehmwand umgeben war, enthielt nur eine verwirrte Zusammenhäufung von Sträuchern und Fruchtbäumen.«[18] Reisende stießen aber auch noch auf die verblichene Pracht der Gärten außerhalb von Bagdad.

»Im Himmel
gibt es das Paradies –
auf Erden Hang-chou
und Su-chou«

WIE EIN ROTER FADEN zieht sich durch die geistige Kultur der Chinesen das innige Verhältnis, in welchem der Mensch zum Erdboden steht. Dieser ist ihm die Mutter, aus der er stammt, die Ernährerin, solange er lebt, und seine Zuflucht nach dem Tode. Mit der Erde, die als Ganzes weiblich gedacht ist, bildet der Himmel, als das männliche Prinzip, das chinesische Weltgebäude. Dieser Zusammenhang blieb durch die Jahrhunderte lebendig. »Im Himmel gibt es das Paradies – auf Erden Hang-chou und Su-chou« ist noch heute eine Redewendung in der wegen ihrer Gärten berühmten Provinz Kiangsu. Mit gärtnerischen Mitteln philosophische Gedanken auszudrücken, ist stets ein wesentlicher Teil der geistigen Kultur der chinesischen Gärtner gewesen.

Hang-chou und Su-chou liegen am Da Yunhe, dem längsten künstlichen Wasserweg der Welt. Zum Bau des Da Yunhe hatte sich der Kaiser Yang-Di – er regierte von 604 bis 617 n. Chr. – entschlossen, um die bis dahin eher lockere Verbindung zwischen dem Norden und dem Süden Chinas auszubauen. Der Kanal zieht sich etwa 1800 Kilometer lang von Hang-chou nach Beijing (Peking). Die Gartenstadt Su-chou ist ein sehr altes Gemeinwesen. Sie soll bereits im 6. Jahrhundert v. Chr. gegründet worden sein. Marco Polo, der die Stadt im Jahre 1276 besuchte, berichtet von einer »sehr prächtigen und großen Stadt«. Die von reichen Bürgern finanzierten Gartenanlagen begründeten ihren legendären Ruf als »Stadt der Gärten«, in deren Blütezeit es über 200 Gärten gegeben haben soll; etwa zehn Gartenanlagen überdauerten. Darunter befindet sich der »Garten des demütigen Politikers«, der »Löwenwald«, der »Garten des Verweilens«, der »Pavillon der dunkelgrünen Wellen«,

Chinesische Gärtner,
Anfang 2. Jh. v. Chr.

der »Garten der Harmonie«, der »Garten des Meisters des Netzes« und der »Westliche Tempelgarten«. Ob die Auftraggeber die Stifter dieser sagenhaften Namen waren, ob Gärtner ihre Kunstfertigkeit in ihnen symbolisierten oder ob die aus magisch-mythischen Quellen schöpfende Volksweisheit die Gärten mit diesen Namen auszeichneten, wird wohl unbeantwortet bleiben.

Zu den erhalten gebliebenen Sehenswürdigkeiten gehören übrigens 250 Brücken, die die Kanäle der Stadt überspannen. Die frühesten Gärten sollen taoistische Priester errichtet haben. Sie dienten ihnen als Sichtungsgärten für Nutz- und Heilpflanzen. Unter konfuzianischem Einfluß entwickelte sich die Fertigkeit, kunstvolle Gartenlandschaften zu schaffen. Reiche Bürger wie Kaufleute und Beamte beauftragten Gartenkünstler, jene Jagd- und Lustparks anzulegen, Gärten als Oasen der Dichtung, der Kalligraphie und anderer Künste einzurichten, die den westlichen Besucher noch heute faszinieren. Die Gärtner gestalteten in verkleinertem Maßstab Landschaften nach mit Bergen, Flüssen, Bäumen und Sträuchern, Blumen und Farnen und geschwungenen Wegen. Zwergbäume fanden mitunter lediglich in kleinen Gefäßen ihren Lebensraum. Den Mittelpunkt bildete oft ein künstlicher See mit Inseln, Brücken, Wassergefäßen und grotesken Steinen. Nie fehlte eines der zahllosen Teehäuser. Die gewaltigste Ausdehnung solcher Miniaturlandschaften hatten die Kaiserlichen Gärten.

Ein chinesischer Ziergarten ohne Wasser und Stein ist nicht denkbar. Das »weibliche« Wasser vermittelt in der chinesischen Vorstellung Ruhe, das Abbild eines »männlichen« Berges Kraft. Das Ideal dieser Harmonie versuchten die chinesischen Gartenkünstler umzusetzen.

Hausgärten gab es in China seit den Anfängen unserer Zeitrechnung. Sofern die Innenhöfe von Wohnanlagen nicht handwerklich genutzt wurden, bepflanzte man sie mit Blumen. Neben Päonie und Lotus erfreute sich die Chrysantheme größter Beliebtheit. In den Hausgärten blühten aber auch Kamelien, Lilien sowie zahlreiche Azaleen-, Hibiscus-, Gardenien- und Begonienarten. Im 5. Jahrhundert kamen aus arabischen Ländern Jasmin und Narzisse hinzu. Die Rose war wegen ihres aufdringlichen Duftes weniger geschätzt. Zum Pflanzenbestand eines Gartens gehörten aber unbedingt ob ihrer Blüten gehaltene Zierbäume wie Magnolie, Pfirsich und japanische Aprikose. Auch Bambusstauden fehlten nicht. Die

Die chinesischen Schriftzeichen für Garten,
Reich der Mitte und Harmonie
(von oben nach unten)

Wasserzuführung erfolgte oft von weither in Bambusröhren oder in einem keramischen Röhrensystem. In der Ssung-Zeit (10. bis 12. Jahrhundert n. Chr.) erschienen die ersten Abhandlungen über Gartenbaumethoden sowie über Blumenbinden und -stecken. Das Herauszüchten von Farbvarianten aus wilden Blumen ist bereits seit der Tang-Zeit (ab 618 n. Chr.) bekannt.

Den europäischen Gärtnern blieb die Kenntnis der chinesischen Ziergartenkultur bis ins 18. Jahrhundert hinein weitestgehend verborgen. Die älteste Beschreibung chinesischer Ziergärten geht auf William Chambers zurück, der zwischen 1757 und 1772 zwei Bücher über chinesische Gebäude und Gärten in englischer, französischer und in deutscher Sprache veröffentlichte.

Die chinesische Hieroglyphe für Garten drückt sehr anschaulich seine wesentlichen Merkmale aus: Ein Garten ist umgeben von einer (quadratischen) Mauer oder einer ähnlichen Einfriedung. Ein Berg/Stein und ein See stehen für die chinesische Gartenphilosophie. Hinzu kommen Menschen, ohne die ein Garten weder geschaffen noch erhalten werden kann.

Älter als das Anlegen von Ziergärten ist in China die gärtnerische Anzucht von Nutzpflanzen. Die chinesische Ökonomie hatte sich sehr früh zu einer Gartenbauwirtschaft entwickelt. Sie beruhte zunächst auf der Verwendung von Sklaven, die sich aus Kriegsgefangenen, aber auch aus in die Sklaverei verkauften Kindern rekrutierte. Bis zur Ssung-Dynastie hatten Sklaven selbst im Staatsapparat öffentliche Ämter inne.

Der chinesische Gartenbau entstand als Bewässerungskultur. Von kleinsten Flächen, die sich in der Nähe von Flußläufen befanden, wurde durch ein System von Ent- und Bewässerung sowie Fäkaliendüngung die stetig wachsende Bevölkerung gartenbaumäßig ernährt. Parallel hierzu entwickelte sich die Technik der Bewässerung: Schwungeimer, Wurfrad und Kettenpumpe. Die Kettenpumpen, die im Unterschied zu Schwungeimer und Wurfrad von Tieren angetrieben oder durch ein Wasserrad bewegt werden können, ermöglichten es bald, Menschen für die weitere Intensivierung der Gartenbauwirtschaft freizusetzen. Im Süden Chinas blieb der Gartenbau auch nach der Einführung des Pfluges (3. Jahrhundert v. Chr.) vorherrschend.

Enorme Mengen von grünem Gemüse und Zwiebelgewächsen zogen die chinesischen Gärtner heran. Der Gemüsegarten spielte

Schwungeimer zur Bewässerung.
Nachzeichnung von Rose. Leps

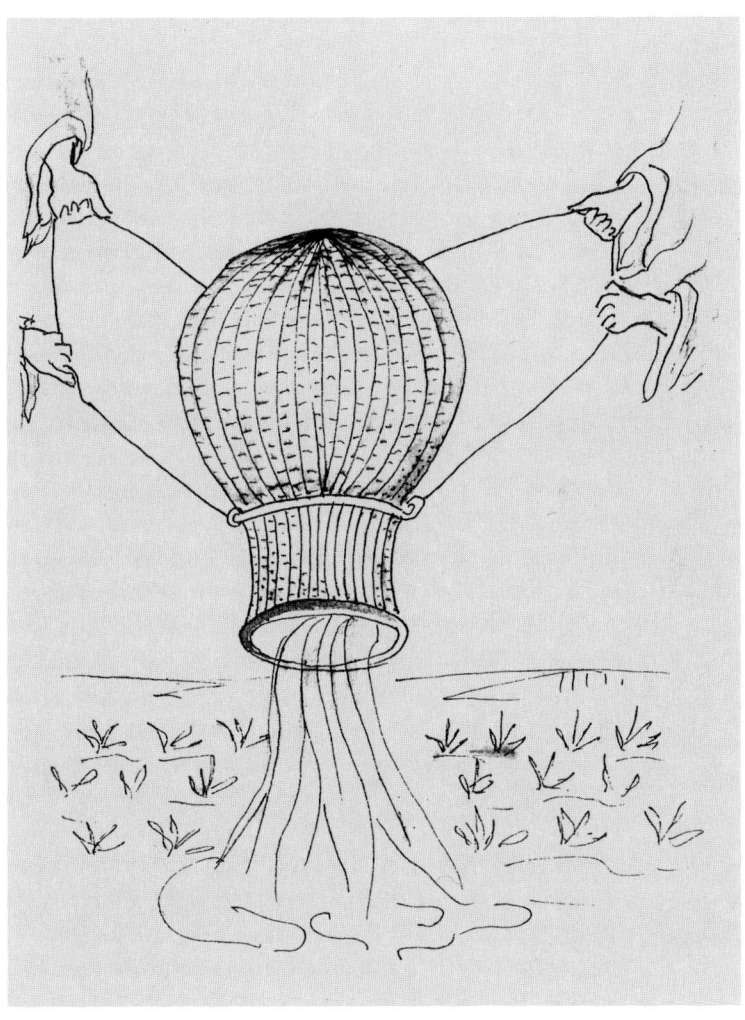

im Leben der chinesischen Familie und Ökonomie eine derart zentrale Rolle, daß selbst die in großer Zahl auf den Flüssen und in den Häfen lebenden Chinesen außer den Wohnschiffen extra Boote als Gemüsegärten unterhielten. Der Chinese ißt traditionell mehr Gemüse als Fleisch. Stets gehören Hülsenfrüchte als Beilage zu Hafer-, Gersten-, Buchweizen- oder Reisgerichten. Aus Rüben, Kohl, Gurken, Lattich und Radieschen werden Salate zubereitet und aus Rüben, Kohl und Zwiebeln wird das beliebte Salzgemüse hergestellt. Auch gekochter Kürbis ist seit jeher eine begehrte Zugabe. Schließlich reicht der Anbau von Würzpflanzen weit in die Geschichte zurück. Bereits im Jahre 2700 v. Chr. verwendeten die Chinesen Sternanis, Ingwer, Muskat, Nelken und Zimt. Nicht minder wichtig war der Anbau von Arzneipflanzen geworden. Unter den im 6. Jahrhundert n. Chr. bekannten 730 Medikamenten nahmen pflanzliche Arzneimittel eine führende Stellung ein, wie einem überlieferten Kompendium zu entnehmen ist. Für besonders wirkungsvoll hält man in der traditionellen chinesischen Medizin bis in die Gegenwart Rhabarber und Ginseng.

Trotz dieser großartigen langen Geschichte chinesischer Gartenkultur ist der chinesische Gärtner ein namenloser Handwerker und Gartenkünstler geblieben. Er teilt dieses Schicksal mit den unzähligen Architekten, Bildhauern, Goldschmieden, Töpfern usw., ohne deren Wissen und Können es keine chinesische Kultur gegeben hätte. Hingegen sind von den Vertretern der herrschenden Schichten, die die Malerei, Kalligraphie und Dichtkunst als Hobby oder als gepflegte Spiele nach erlernbaren Regeln betrieben, Tausende Namen überliefert. Sicher hatte dies auch mit der Fron- und Dienstleistungspflicht zu tun, die Bauern und Handwerkern auferlegt war. Ihnen oblag die Bürde der vom Adel und von den Beamten verpönten schweren körperlichen Arbeit.

Zwei altchinesische Hacken
und ein Trittspaten mit Eisenblatt,
seit 2000 Jahren in Gebrauch.
Nachzeichnung von Rose. Leps

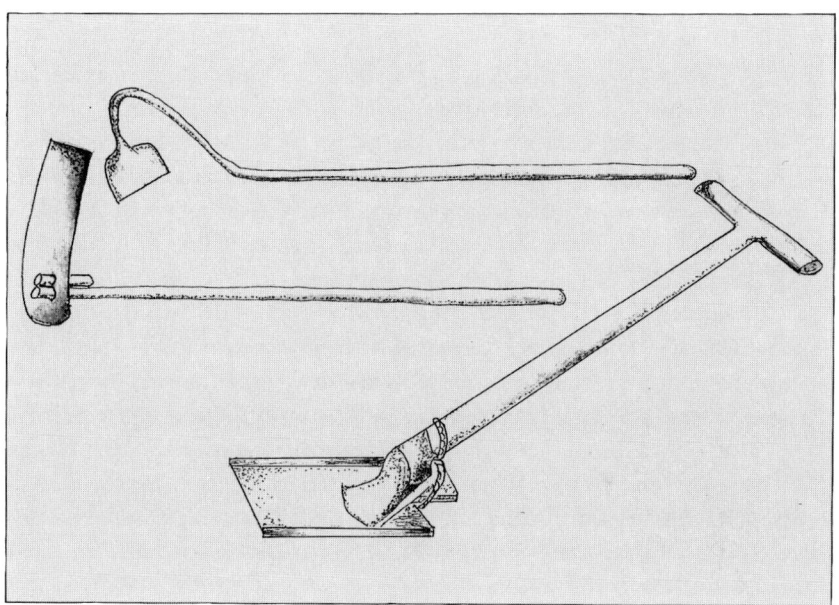

Japanische
Gartenschöpfer: Koreaner –
Mönche – Kawaramono

JAPANS GARTENKULTUR entwickelte sich nach chinesischem und koreanischem Vorbild. Um shintoistische Schrein- und Palastanlagen herum entstanden seit dem 5. Jahrhundert v. Chr. Teichgärten mit Inseln und Küstenlinien, Bäumen und Steinen. Jedes einzelne Naturobjekt sollte sichtbarer Ausdruck göttlichen Wesens sein. Die Götterteichanlagen der Frühzeit haben die ganze japanische Gartenbaugeschichte hindurch bis zum heutigen Tage bestimmt. Die Teichgärten sind noch als chinesische Imitate erkennbar. Das Eindringen des Buddhismus um die Mitte des 6. Jahrhunderts führte erneut zahlreiche Priester, Künstler und Handwerker aus China und Korea nach Japan, die den japanischen Garten mit Elementen der damaligen kontinentalen Gartentradition ausstatteten. Der »Shumi-Berg« im Garten der Kaiserin Suiko (592–628), der dem buddhistisch-hinduistischen Weltenberg entspricht, und die »Kure-Brücke« im selben Garten sind solche chinesischen Importe.

Japan soll diese kulturelle Befruchtung vor allem einem eingewanderten Koreaner verdanken: Michiko no Takumi. Er ist der erste nachweisbare Gartenschöpfer in der Geschichte der japanischen Gartenkultur. Man nimmt an, daß Michiko mehrere Gartenanlagen geschaffen hat, darunter den kaiserlichen Garten. Er gilt daher auch als Begründer der professionellen japanischen Landschaftsgärtnerei. Michiko sollte dennoch für lange Zeit eine Ausnahmeerscheinung bleiben. Berufsmäßige Gartengestalter werden erst wieder im 15. Jahrhundert erwähnt. Es sind die sogenannten Kawaramono. Vom 7. bis zum 15. Jahrhundert lag die Kompetenz für das Entwerfen und Errichten von Gärten in der Hand von nichtprofessionellen Amateuren. Für die Gartenkunst

Der Gartenbau-Mönch
Muso Kokushi

engagierten sich vornehmlich Vertreter aristokratischer Schichten. Zu diesen zählten Künstler wie der Maler Kose Kanaoka (850–931) und Beamte. Kose hinterließ das »Sakutei-ki« (»Aufzeichnung über die Errichtung von Gärten«). Es war für Jahrhunderte das klassische Anleitungsbuch der japanischen Gartenkunst.

Bereits im 5. oder 6. Jahrhundert entstand aus der ur-shintoistischen Tradition heraus eine zweite Richtung japanischer Gartenkultur: die Trockenlandschafts-Gärten zur Verehrung des sagenhaften Götterpaares Izanagi und Izanami. Dieses Götterpaar soll die japanischen Inseln gezeugt haben. Von ihm stammt auch die Sonnengöttin Amaterasu ab, die als Begründerin des japanischen Kaiserhauses verehrt wird. Die shintoistischen Steinsetzungen symbolisieren stets solche göttlichen Wesen. Die Anordnung der Steine soll den beiden mit einem Strohseil verbundenen Meeresfelsen bei Futamigaura in der Nähe von Ise nachempfunden sein.

Die eigentliche Kultivierung von wasserlosen Gärten setzte allerdings erst 1000 Jahre später ein. Sie stehen in keinem direkten entwicklungsgeschichtlichen Zusammenhang mit der ur-shintoistischen Tradition. Die Neubegründung hat einen zen-buddhistischen Hintergrund. Der Zen-Buddhismus breitete sich seit Anfang des 13. Jahrhunderts im Rahmen eines erneuten massiven Einströmens chinesischen Gedankengutes in Japan aus. Die chinesische Zen-Architektur verdrängte in den folgenden Jahrhunderten den nationalen japanischen Baustil. Entsprechend entwickelten sich inmitten der Tempel-Anlagen der Zen-Mönche die Trockenlandschafts-Gärten. Symbolisch bedeutsame Trittsteine und andere Details zieren in äußerster ästhetischer Verfeinerung gestaltet kleine und kleinste Gärten. Dem westlichen Besucher bieten derartige Steingärten einen ungewöhnlichen Anblick. In diesen trockenen Ziergärten stellen senkrechte Steine Felsklippen oder Wasserfälle dar, waagerechte Felsbrocken verkörpern Brücken, Uferböschungen oder Boote. Der ebene Boden ist ein Fluß. Es kann angenommen werden, daß der Trockenlandschafts-Garten (»Kare sanui«) aus dem Teichgarten hervorging.

Bereits im »Sakutei-Ki« werden neben aristokratischen Gartengestaltern Mönche erwähnt, die sich intensiv um die Gartenkunst bemühten. Als halbprofessionelle Gartenschöpfer legten diese Mönche auch im Auftrage Gärten an. Später nahm die Zahl der Zen-Mönche, die sich der Gartenkunst widmeten, noch zu. Die her-

Der Maler und Gartengestalter
Sesshu Toyo

ausragende Persönlichkeit unter diesen ist Muso Kokushi (1275 bis 1351). Mit ihm beginnt die engste Verknüpfung der Gartenkultur mit dem Zen-Buddhismus. Muso leitete damit die fruchtbarste Epoche der japanischen Gartenkunst ein, die schließlich zum Typ des Karesansui-Gartens führte. Auf dem Wege dorthin erreichte einer der berühmtesten japanischen Maler, Sesshu Toyo (1420–1506), historische Größe. Sesshu hielt sich zehn Jahre in China auf, wo er bereits als bedeutender Maler gefeiert wurde. Nach seiner Rückkehr entstanden nicht nur die berühmtesten seiner Bilder, ihm werden seitdem ebenso berühmte Gartenschöpfungen zugeschrieben. Dazu zählen neben den Gärten im heutigen Tempel Joei-ji in Yamaguchi vor allem die Tempelgärten des Iko-ji und des Mampuku-ji in Masuda.

Ein interessantes Phänomen in der Geschichte des japanischen Gärtnertums tauchte zwischen dem 14. und dem 16. Jahrhundert auf. Eine neue Gruppe von Gartenschöpfern etablierte sich. Sie unterschied sich diametral von den zuvor mit der Gartenkunst befaßten Aristokraten, Zen-Mönchen und Malern. Nach ihrer Lebensweise trugen diese Gärtner die Bezeichnung Kawaramono (Leute vom Flußufer). Die Kawaramono lebten in den kargen Gebieten der Flußniederungen. Sie waren gesellschaftlich diskriminiert, weil sie Berufe ausübten, die mit der Tötung von Tieren zu tun hatten, was Buddhismus und Shintoismus gleichermaßen tabuisieren. Ausgerechnet diese soziale Schicht wurde zur führenden Kraft in der bis dahin aristokratisch-privilegierten Gartenkunst. Die Kawaramono wurden zunächst unter Anleitung der elitären Gartenschöpfer zu den schwereren körperlichen Arbeiten des Gartenbaus herangezogen. Durch den ständigen und direkten Kontakt mit arrivierten Gartenmeistern entwickelten sie eigenständige gartenbauliche Fähig- und Fertigkeiten.

Natürlich war dies ein historischer Prozeß, der nicht ohne soziale Konflikte ablief. Anfangs wurde den Kawaramono der Zutritt zum kaiserlichen Palast und zu den Tempeln verwehrt, wenige Jahrzehnte später galten sie schon als unentbehrliche Gartenspezialisten. Im 15. Jahrhundert treten die Kawaramono in der zeitgenössischen Literatur auf. Persönlichkeiten aus der Schicht der Kawaramono werden als erfahrene Gartenpraktiker erwähnt. Die letzte Mitteilung ist im Zusammenhang mit der Errichtung des Konchi-in-Gartens verbürgt. Danach beginnt eine Zeit, in der der

Zentrale Steinsetzung im Daisen-in-Garten,
im rechten Bildhintergrund
der »trockene« Wasserfall,
vermutlich von Kawaramono-Gärtnern
Anfang 16. Jh. gestaltet.
Der Daisen-in gehört zum Nationalschatz Japans

Beitrag der Kawaramono zur japanischen Gartenkultur verfälscht wird. Sie werden mit Berufsverbot belegt und ihre Schöpfungen werden Opfer fingierter Zuschreibungen an Vertreter der aristokratischen Schichten.

Der japanische Gärtner gestaltet im Rahmen einer kulturellen Tradition, die der europäischen völlig entgegengesetzt ist. Zu den Regeln der japanischen Gartenkunst gehört, daß »Wiederholungen« vermieden und »ungleich Elemente« harmonisch verbunden werden.

Während der europäische Gartengestalter in seiner Vorstellung von Grenzen ausgeht, die er zwischen innen und außen, zwischen Ausdehnung und Spannung usw. zieht, bilden sich im Kopf des Japaners verwickelte und komplizierte Muster der Wechselbeziehung und Durchdringung zwischen allen Gartenelementen. So wird das Element Fels nicht als Masse gedacht, sondern als Raum. Stets ist Unvollständigkeit beabsichtigt, so das die Gartenschöpfungen für weitere Entwicklungen offenbleiben. Obwohl die japanische Gartenkultur von der chinesischen und besonders koreanischen stark beeinflußt wurde, übernahm man nicht die Vorstellung von einem durch Zäune oder Mauern umfriedeten Raum. Im Bewußtsein des Japaners ist bis in die Gegenwart die Durchgängigkeit zum Umfeld verankert. Lediglich Pflöcke, Seile oder Kieselsteinteppiche kennzeichnen Landbesitz und Gartengrenze.

Stadtansicht von Cuzco.
Kupferstich von Braun & Hogenberg für:
Civitatis Orbis Terrarum,
16. Jh. Biblioteca Marciana, Venedig

»Andenes«, »Chinampas«
und »Sucotash«

D ER GARTENBAU war in den Hochkulturen von Mexiko
bis Peru die Wirtschaftsform zur Sicherstellung der Ernährung. Dieser reicht bis um 5000 v. Chr. zurück. Keine
andere Rasse hat in diesem Zeitraum so viele Wildpflanzen veredelt
und gezüchtet wie die indianische. Indizien für die hohe Entwick-
lungsstufe der Gartenbaukultur sind die künstlichen Bewässe-
rungsanlagen, die Kenntnis vom Sinn des Düngens, die beetähn-
liche künstliche Terrassierung der Berghänge (»Andenes«), die
»Schwimmenden Gärten« (»Chinampas«) und der auf der Grundlage künstlicher Bewässerung betriebene Oasenfeldbau als Son-
derformen intensiver Bodenkultur.

Das Wissen um die entwickelte Gartenkultur der neuweltlichen
Zivilisationen zur Zeit ihrer Entdeckung befindet sich noch überwiegend in Quellen außerhalb der geschriebenen Gartenbaugeschichte. So müssen zur Rekonstruktion des Gartenbaus der Neuen
Welt die Berichte und Aufzeichnungen der Eroberer sowie der
diese begleitenden Vertreter missionierender Orden herangezogen werden. Sie enthalten Beschreibungen der vorgefundenen Natur, der Kulturlandschaften, von Kulturpflanzen und der Wirt-
schaftsformen der indianischen Hochkulturen. Aus den Berichten
der Konquistadoren kennen wir ferner die phantastischen Mitteilungen über den Goldenen Garten von Cuzco, den es in der Hauptstadt des Inkareiches gegeben haben soll. Nach Stingl, der zu den
intimsten Kennern indianischer Kulturgeschichte zählt, kann der
Goldene Garten als das wahrscheinlich »plastischste Selbstbildnis«
gelten, in dem sich eine menschliche Kultur je dargestellt hat. In
den Berichten der Spanier werden die Miniaturausführungen ganz
gewöhnlicher peruanischer Felder geschildert, nur sie funkelten

Szenen des Inka-Gartenbaus
nach der Entdeckung der Neuen Welt.
Zeichnungen von Felipe Huamán Poma de Ayala,
um 1615

golden. Natürlich bildeten Maiskolben aus purem Gold auch dort die Hauptfrucht. Lediglich die Maisähren, die noch nicht ausgereift waren, hatten die Schöpfer dieses Wundergartens aus Silberdrähten geflochten. Hinzu kamen goldene Bäume und Büsche. Auf den Wiesen des Gartens leuchteten goldene Blumen, deren Blüten aus kostbaren Edelsteinen nachgebildet waren. Schließlich gab es ganze Lamaherden sowie zwei Dutzend Hirten. Kolibris, Schmetterlinge und Schlangen, ebenfalls aus Gold, bevölkerten den Goldenen Garten, der vermutlich eine Schöpfung jener Kunsthandwerker des von den Inkas besiegten Küstenreiches Chimú war. Der Goldene Garten gehörte zum Nationalheiligtum der Inka und war ihrem Sonnengott geweiht. Der Garten befand sich an der Südseite des Haupttempels und umfaßte eine Fläche von 200 mal 100 Metern. Seine Terrassen führten zum Fluß Huatanay hinab. Die Spanier zerstörten den Goldenen Garten unmittelbar nach der Eroberung Cuzcos.

Eine weitere Quelle unseres heutigen Wissens bilden Schriftzeugnisse der Indianer. Die wohl anschaulichste literarische Quelle ist die Chronik des Felipe Huamán Poma de Ayala. Er war ein echter Inka, der spanisch sprechen, lesen und schreiben gelernt hatte, in spanische Dienste getreten, als Dolmetscher und Schreiber fungierte. Sein Werk ist ein Protestschreiben an den spanischen König, eine Klage über den kulturellen Verlust der besiegten Inka. Huamán Poma hat die Dokumentation mit 400 Zeichnungen ausgestattet. Darunter befinden sich Abbildungen, die sehr genau agrikulturelle und gärtnerische Tätigkeit der Inka wiedergeben.

Genaue Schilderungen von Kultur, Kulturlandschaft und Gartenkultur der Indianer verdanken wir dem Pater Diego de Landa. Dieser Pater war es aber auch, der am 12. Juli 1562 alle Maya-Handschriften, die er aufspürte, als Teufelswerk verbrennen ließ. Nur drei Handschriften (Kopien älterer Originale) entgingen der Vernichtung und gelangten nach Europa. Inzwischen geben über die Handschriften hinaus mehr als 1000 Hyroglyphentexte von über 200 Fundorten Einblick in die Geschichte der Maya und gestatten vielfältige Rückschlüsse auf ihre Lebensweise.

Mais war für die Maya wirtschaftliche Grundlage und die Basis aller kulturellen Äußerungen. So finden wir in der Maya-Bibel »Popol Vuh« die Erschaffung des Urmaya aus Mais, nachdem zwei Versuche der Götter, Menschen aus Lehm oder Holz herzustellen,

»Andenes« – künstlich angelegte Anbauterrassen
der altperuanischen Kulturen,
um 1500 v. Chr. bis 1500 n. Chr. entstanden.
Die Abbildung zeigt den heutigen Zustand

fehlgeschlagen waren: »Aus gelbem und weißem Mais machten sie sein Fleisch. Aus Maisbrei machten sie die Arme und Beine des Menschen. Einzig Maismasse trat in das Fleisch unserer Ahnen ..., die geschaffen wurden«. Das »Popol Vuh« oder »Das Buch des Rates« »gehört zu den großen Schriften des Menschheitsmorgens«. Ein Angehöriger einer altadligen Quiché-Familie hatte es nach 1268 dem Pater Francisco Ximenez gezeigt. Dieser schrieb es ab und gab es zurück. Die »Bibel« der Maya ist das einzige Zeugnis ihrer Schöpfungsmythen.

Eine nicht minder interessante Quelle stellt bald nach der Zerstörung der indianischen Zivilisationen einsetzende theologische Verklärung der frühen bzw. ersten Berichte von Augenzeugen dar. Neben der Inka-Hauptstadt Cuzco hatte eine zweite Metropole der Inka die Aufmerksamkeit der spanishen Eroberer erregt: die Gartenstadt Tiahuanaco. Die ersten spanischen Soldaten betraten sie im Jahre 1533. Aber nicht nur die Spanier rätselten über den Ursprung der Stadt, die Inka selbst glaubten, daß solch eine gigantische Stadt nicht von Menschen geschaffen worden sein könnte. Kaum 100 Jahre später hatte sich Tiahuanaco zum Garten Adams verklärt. In einer 1625 in Madrid erschienenen theologischen Abhandlung war der spanische Pater Baltasar de Salas, der sich längere Zeit im Gebiet von Tiahuanaco aufgehalten hatte, zu der Ansicht gelangt, daß nicht nur der Stammvater Adam in Peru gelebt habe, sondern das biblische Paradies überhaupt dort zu suchen sei bzw. gefunden worden ist. Diese »Paradiestheorie« entwickelte 25 Jahre später ein anderer Spanier weiter: Antonio de León Pinela. In seiner Schrift »Das Paradies in der neuen Welt« wurden sogar die Flüsse nach Südamerika »umgeleitet«: Euphrat – Orinoco, Tigris – Amazonas. Der Apfel aus dem Paradies der Heiligen Schrift wurde die in Peru heimische Granadilla.

Oft ermöglicht nur die Geschichte der einzelnen neuweltlichen Kulturpflanzen Rückschlüsse auf die indianische Gartenkultur und ihre Gärtner. Die Kenntnis der Biotope, von Anbautechniken, Ernährungsweisen, Gebrauch als Heil-, Genuß- und Kultpflanzen usw. läßt sich aus den Einzelgeschichten rekonstruieren. Eine unerläßliche Quelle zur Rekonstruktion der Gartenkultur der Neuen Welt ist das Wissen, das die Archäologie zutage fördert. Schließlich gestatten heute Luftbildaufnahmen und deren Auswertungen jene gartenbauliche Nutzung und Gestaltung ganzer geographischer

Regionen nachzuweisen oder zu bestätigen, von denen bereits in den historischen literarischen Quellen berichtet wird. Manche Fehlbeurteilung, die Forschern unterlaufen ist, weil die ursprüngliche Landschaft unter der dichten Decke nachgewachsener Vegetation verborgen geblieben ist, konnte mit Hilfe dieser Methodik korrigiert werden.

Die Inka waren die Schöpfer der »Andenes«, sie betrieben aber auch Oasenbodenbau. Der Siedlungsraum der Inka bestand nämlich aus zwei stark unterschiedlichen Zonen: zum einen aus dem etwa 2300 Kilometer langen Küstengebiet mit teils trockenem wüstenähnlichen Land, das zahlreiche kleine Flüsse durchzog. Hier hatte sich der Oasenbodenbau mit Flußbewässerung als Wirtschaftsform herausgebildet. In den künstlich bewässerten Flußtälern wurden Bohnen- und Kürbisarten, Erdnüsse und Mais angebaut. Außerdem erzeugte man Baumwolle zur Textilherstellung. Der zweite Siedlungsraum war das Hochgebirge, die Anden. In den Hochtälern der Anden sowie im Hochbecken um den Titicaca-See (fast 4000 Meter über dem Meeresspiegel) bildete sich der eigentliche Andenlebensraum der Inka heraus, hier erfanden sie die Terrassengärten oder »Andenes«.

In den Hochtälern der Anden, wo der Mais – ein Einwanderer aus Mittelamerika – nur in klimatisch günstigen Gegenden des Titicaca-Beckens noch gedeiht, wurde diese Nutzpflanze durch die heimische Kartoffel als Hauptnahrungsmittel ersetzt. Die Inka hatten bereits 250 Sorten gezüchtet. Für die Winterbevorratung wurden Trockenkartoffeln hergestellt, die zugleich eine Staatsreserve bildeten. Eine andere wichtige Pflanze der Hochanden ist noch heute die Reismelde (*Chenopodium quinoa*). Sie gehört zu den ältesten Kulturpflanzen, aus deren Samen Mehl und Grütze erzeugt wurden.

Die Inka kannten keinen Pflug und kein Zugtier. Der Grabstock war das Hauptproduktionsinstrument der Inka-Gartenkultur. Mit ihm brach man den Boden auf, bohrte Löcher zum Stecken der Setzlinge. Die einzelnen Tätigkeiten waren religiöse Handlungen. Auch Arbeitsbeginn und -ende waren gesetzlich-religiös geregelt. Die Gartenarbeit begann einmal im Oktober, zum anderen im Mai. Erst wenn ein Beamter im Goldenen Garten symbolisch die jeweilige Arbeitsperiode eröffnete, brach überall ein wahres Arbeitsfieber aus.

Die Inka-Gärtner bauten etwa 40 Kulturpflanzen an. Diese hatten ihrerseits eine lange Anbaugeschichte, die sich zum Beispiel im Hinblick auf den Flaschenkürbis dank Radiokarbontest bis zum 7. Jahrtausend v. Chr. zurückdatieren ließ. Sicher ist, daß in Peru vor 5500 Jahren bereits Baumwolle und Bohnen (drei Sorten) angebaut wurden. Schließlich tauchte um die Mitte des 2. Jahrtausends v. Chr. in Peru zum ersten Mal der Mais auf. Künstliche Bewässerungssysteme mit Süßwasserreservoiren und großen unterirdischen Aquädukten, deren Wände aus Steinquadern mit Deckenbalken von Johannisbrotbäumen gefügt waren, legten die Indianer vor 2000 Jahren an.

Aufschluß über gärtnerische Tätigkeiten und Anlagen geben auch die Zeichnungen des Inka Felipe Huamán Poma de Ayala. Unter den Gerätschaften erkennt man den künstlerisch gefertigten Grabstock, der mit Hilfe eines Fußsteges und einer Haltevorrichtung offensichtlich ziemlich wirksam gehandhabt werden konnte. Vertreten sind ferner kurzstielige Handhacken und die Harke. Das Quadrat scheint die bevorzugte Beetform gewesen zu sein. Um wilde Tiere von den Anlagen fernzuhalten, sind Aufpasser eingesetzt, die außerdem noch mit verschiedenen Instrumenten zur Vertreibung von eindringenden Säugern und einfallenden Vögeln versehen sind. Die entzündeten Feuer deuten auf die Kühle der Nächte hin oder auf das extreme Klima im Hochgebirge. Vielleicht dienten sie zur Verbesserung des Mikroklimas in der Umgebung der Gärten. Die Inka arbeiteten in Gemeinschaften. Männer und Frauen leisteten gleich schwere körperliche Arbeit.

Von den Maya wissen wir, daß sie Mais, Bohnen, Kürbis, Bataten und Maniok auf Rodungsland anbauten und diese als Hauptnahrungsmittel geltenden Früchte durch eine Reihe Gartenerzeugnisse wesentlich ergänzten. Gärtnerische Spezialkulturen wurden im Unterschied zu den auf entfernteren Feldern angebauten Früchten sorgsamer gehegt und gepflegt. Sie wuchsen im Schutz von Mäuerchen in unmittelbarer Nähe der Wohnungen. Man kann sie als Küchen- oder Hausgärten bezeichnen, in denen die Maya ganzjährig produzierten. Als gesichert gilt: a) der Anbau verschiedener Gemüsearten (Chilipfefferschoten, Tomaten, Kürbis, Bataten), b) Blumenzucht für Bitt- und Dankopfer, c) der Anbau von Flaschenkürbissen, um den häuslichen Bedarf an Gefäßen zu decken, d) die Gewinnung des rotes Farbstoffes zum Einfärben der

Hochäcker und »Schwimmende Gärten« der Maya.
Schematisiert nach Luftbildaufnahmen.
I.a Hochäcker im Schachbrettmuster. b Leiterförmige Anordnung von Hochäckern.
c Links des Flusses hufenartige Anordnung von Hochäckern, landeinwärts durch
Terrassenkante begrenzt; rechts des Flusses regellose Anordnung im Niederungsland.
d Regellose Anordnung der Hochäcker im Seeuferbereich, »Schwimmende Gärten«
im Flachwasserbereich des Sees.
II. Hochackerprofile: a Ebene Ackerbeete. b Gewölbte Ackerbeete.
c Durch Aushub schmaler Gräben leicht gewölbte Ackerbeete

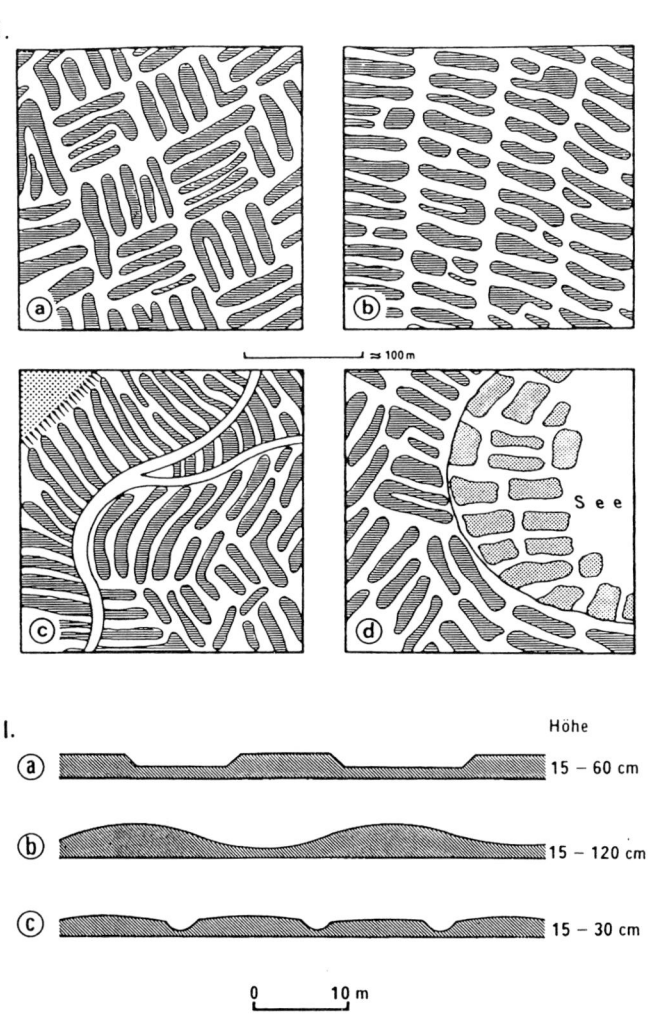

Garne und Gewebe, zur Körperbemalung und weiterer Verwendungszwecke aus dem Samen des Achiotebaumes (*Bixa orellana*). Durch Gießen der Beete, Gründüngung, Mulchen (Bodenbedeckung mit Blättern und Gras), Düngung mit Küchenabfällen, Fäkalien und dem Mist von Hunden und Truthühnern garantierte man die permanente Nutzung der Gärten. Die Haus- oder Küchengärten der Maya waren zugleich Baumgärten. Die Bäume sollten einerseits die Bodengewächse beschatten und andererseits die tägliche Ernährung mit absichern. Papaya (*Carica papaya*), Avocado (*Persea americana*), Brotnußbaum (*Brosimum alicastrum*) und viele andere Obst- oder Fruchtbäume sind wahrscheinlich züchterische Leistungen der Maya. In der Regel sind die Früchte der wildwachsenden Vorfahren ungenießbar. Vermutlich war den Maya auch das Veredeln von Obstbäumen bekannt. Landa berichtete hierüber.

Ebenso wie die Inka entwickelten die Maya den Terrassenanbau. Durch Dammbauten in Taleinschnitten erreichten sie eine Kontrolle des Wasserabflusses. Auf diese Weise förderten sie die Entstehung kleiner Schwemmlandflächen für den Gartenbau. Terrassiert wurden nahezu alle Hänge mit einer Neigung zwischen vier und 47 Grad. Die Terrassierung wurde durch den Bau von 80 bis 140 Zentimeter hohen Bruchsteinmäuerchen erreicht. Hinter diesen sammelte sich der Regenschlamm oft bis zur Höhe der Terrassenkante. So entstanden eins bis fünf Meter breite ebene Anbauflächen. Die Maya erfanden die »Schwimmenden Gärten«, eine Bezeichnung, die von Alexander von Humboldt stammt. Die Azteken, die kulturellen Erben der Maya, nannten sie »Chinampas«. Es handelte sich hierbei um künstlich angelegte Inselchen, die in Flachwasserbereichen hergestellt wurden, indem zwischen Pfahlreihen, die man in den Seeboden rammte, Seeschlamm bis über die Höhe des Wasserspiegels aufgefüllt wurde. Allein im Texcocosee in der Nähe der heutigen mexikanischen Hauptstadt existierten auf 35 Quadratkilometern »Schwimmende Gärten«. Etwa acht bis zehn Millionen Menschen mußten um 800 n. Chr. in den Kernlanden der Mayakultur ernährt werden. Um zu verhindern, daß die Naturresourcen überfordert werden, setzte dies eben ein ausgeklügeltes Bewässerungssystem und die Anpassung an die ökologischen Gegebenheiten voraus, wie es die Maya vollbrachten. Dennoch setzte um 900 n. Chr. der Niedergang der Maya ein. Eroberungskriege begannen die in Jahrhunderten gefestigte Harmonie von Mensch und Umwelt aufzulösen und damit die wirtschaftliche Grundlage zur Ernährung von zehn Millionen Menschen zu zerstören.

Etwas im Schatten der Geschichte der indianischen Hochkulturen Mittel- und Südamerikas befindet sich die Gartenkultur der sogenannten Waldlandbauern auf dem heutigen Gebiet der USA und Kanadas, genauer: des östlichen Nordamerikas, entlang des Mississippi und des Missouri, hinauf zum Michigansee und dem St. Lorenz-Strom. Die Vertreter dieser Gartenkultur gehörten zur Sprachgruppe der Algonkin. Das Gebiet, das sie bewohnten, stellte die nördliche Grenze für den indianischen Gartenbau dar. Je weiter es in den Norden ging, um so mehr mußte dem spät einsetzenden Tauwetter und frühen Frösten Tribut gezollt werden. Entsprechend gering fiel die Zahl der angebauten Kulturpflanzen aus: Mais, Kürbis, Bohnen. Bot die Nähe des Meeres außerdem Gelegenheit, Seevögeleier zu sammeln und Fische zu fangen, legten die Indianer im Frühjahr zunächst Gärten an, bevor sie ans Meer zogen. Die weitere Pflege übernahmen ein paar Aufpasser (Gärtner?), die in den Gärten Unkraut zu jäten und die Pflanzen vor Vögeln und Krankheiten zu schützen hatten. Kehrten die Familien im Herbst zurück, ging es gemeinsam an das Einlagern der Gartenfrüchte für den Winter. Die Gartenerträge wurden ergänzt durch gesammelte Pflanzen und Früchte: wilde Grünpflanzen, Nüsse, Brombeeren, Himbeeren, Erdbeeren, wilde Trauben, Kastanien und Eicheln.

Die drei hauptsächlichen Kulturpflanzen Mais, Kürbis, Bohnen wurden zusammen verzehrt als Gemüsegericht, das noch heute unter dem Algonkinnamen »Sucotash« bekannt ist. Ihr Anbau erfolgte nicht auf verschiedene Beete verteilt, sondern als Mischkultur, einander ergänzend, biologisch, wie wir heute sagen. Die Bohnen, die zwischen dem Mais wuchsen, reicherten den Boden mit Stickstoff an, den der Mais brauchte, während die kräftigen Maisstengel den kletternden Bohnenranken eine Stütze boten. Außerdem lieferte der Mais den Schatten, den die am Boden wachsenden Kürbisse brauchten. Mais wurde in verschiedenen Sorten angepflanzt, zum Beispiel volkstümlich bezeichnet als Röstmais, Zahnmais, Pferdemais. Bei der Bohne kann es sich um die Teparybohne (*Phaseolus acutifolius*) gehandelt haben, die zur Zeit der

Kolonialisierung Nordamerikas im Gebiet des Algonkinsprachkreises angebaut wurde. Die hohe Wertschätzung, die der Kürbis unter den Indianern genoß, resultierte aus den vielen Verwendungsmöglichkeiten: Unreif ist er als Gemüse zu nutzen und reif in gekochter, gedünsteter, gerösteter Form als nahrhafte, stärke- und zuckerreiche Speise zu den verschiedensten Gerichten zuzubereiten. Die Algonkins haben in Übereinstimmung mit dem Verbreitungsareal den Gartenkürbis (*Cucurbita pepo*) angebaut.

Als Kolumbus die Neue Welt erreichte, lagen an der nördlichen Anbaugrenze gartenkulturelle Erfahrungen vor, die bereits vier bis fünf Jahrhunderte zurückreichten. So fand man in Kentucky Überreste kultivierter Kürbisse, die sich sogar auf 2800 v. Chr. zurückdatieren ließen. In den Gärten der Überschwemmungsebenen des Mississippi wurden im Jahre 1492 bereits seit über 600 Jahren Mais, Bohnen und Kürbisse angebaut.

Je nach den geographischen Bedingungen hatten die Algonkins Brandrodungs- oder Überschwemmungsgartenbau entwickelt. Die so kulturell veränderte Landschaft mit ihren schattigen Lichtungen, offenen Weideflächen und bunt gemischten Wäldern »ähnelte einem majestätischem Parke«, schrieb der früheste europäische Augenzeuge James Riser im Jahre 1605. Prähistoriker vermuten, daß Gartenbaukultur, auch städtebauliche Vorstellungen und religiöse Ideen, unter dem Einfluß mittelamerikanischer Händler Eingang in die Algonkin-Kultur fanden.

Die Indianer haben völlig unabhängig von anderen Regionen der Erde ihre Gartenkultur erfunden. Es gibt keinerlei Anhaltspunkte dafür, daß sie altweltlichen Ursprungs gewesen sein könnte. Für das hohe Alter der indianischen Gartenkultur spricht auch das botanische Argument, daß viele der von den Indianern gezüchteten Pflanzen die Fähigkeit zur spontanen Fortpflanzung ohne menschliches Zutun verloren haben.

Der Menschheitsbeitrag der indianischen Rasse zur Entwicklung von Kultur- und Nutzpflanzen sowie von Gartenkultur verdient deshalb unsere ganze Hochachtung und Würdigung.

Der Renaissancegärtner

BEDEUTENDE KULTURELLE und soziale Bewegungen beherrschen den Zeitabschnitt vom 15. bis zum 18. Jahrhundert: Renaissance, Reformation, Barock, Aufklärung. Die
europäische Gartenkultur erhält durch diese historischen Bewegungen neue belebende Impulse. Sie wirken sich aber auf die Gartenkunst und den Erwerbsgartenbau, auf das Gärtnertum und auf
die Gartenbautheorie von einem Land zum anderen verschieden
aus. Der deutsche Gartenbau ist den wechselnden Einflüssen Italiens, Frankreichs, Hollands, Belgiens und Englands ausgesetzt.
Deutschland wartet aber auch mit eigenständigen theoretischen
und praktischen Leistungen auf. Schließlich hat eine bereits am
Ausgang des Mittelalters international führende Region des Erwerbsgartenbaus, Erfurt, ihren Ruf bewahren können. Immerhin
bezogen im 18. Jahrhundert zwei Drittel der Länder der westlichen
Welt ihren Samen aus Erfurt.

Die neue Blütezeit der europäischen Gartenkunst leitete die italienische Renaissance ein. Von den zwei historischen Hauptgestal-
tungsrichtungen, vorwiegend exakte, regelmäßig-symmetrische
Anlagen oder stärker an der Natur orienterte, unregelmäßige Anlagen (Landschaftsgärten), suchte man seit dem 14. Jahrhundert
die erste Richtung wieder zu beleben. Am besten gelang dies mit
der Villa d'Este bei Tivoli (Plan 1550; Beginn der Ausführung
1560), den römischen Villen Raffaels (Villa Madama, Villa Farne-
sina) und den Villen Palladios bei Vicenza. In der Villa wurde eine
besonders enge Verbindung zwischen Architektur und Natur erreicht. Gartengestaltung, Landschaftsmalerei und Villenkunst waren nur verschiedene Ausdrucksweisen des Menschen, Natur ästhetisch zu genießen. Merkmale des Renaisssanceziergartens sind

solche Gestaltungselemente wie die Verküpfung von Gebäuden und Freiräumen sowie Treppen, Kaskaden, Terrassen und Balustraden. Ferner hatte man begonnen, die Plastik bei der Ausgestaltung der Gärten mit einzubeziehen.

Zu den frühesten Theoretikern des italienischen Renaissancegartens gehörte Leon Battista Alberti, der mit seiner Schrift »De re aedificatoria Libri X« (vollendet 1452, gedruckt 1485) Einfluß auf die Gartengestaltung gewann. Alberti gelang es vorzüglich, antikes Wissen mit dem zeitgenössischen Zeitgefühl so zu verbinden, daß er in allen Künsten zu einer stilistischen Ausgewogenheit gelangte. Der eigentliche Begründer der italienischen Hochrenaissance in der Architektur ist Donato Bramante. Auf ihn geht die richtungsweisende Kombination jener Gestaltungselemente zurück, wie sie zum Beispiel in der Villa d'Este realisiert wurden. Die Villa d'Este verfügte über den vollkommensten Wassergarten der Welt. Er wurde um 1550 begonnen und um 1580 vollendet. Das Motiv für einen der zahlreichen Brunnen ist unmittelbar den »Pneumatica« des Heron d. Ä. entnommen.

Von Anfang an wurden die italienischen Renaissancegärten als Quell der Freude und des Friedens betrachtet und zu diesem Zweck geschaffen. So schrieb der italienische Lyriker und Humanist Francesco Petrarca einem Freunde 1336 aus seiner Verbannung bei Avignon: »Ich habe mir zwei Gärten angelegt, die mir ungemein gefallen. Ich glaube nicht, daß es solche noch einmal in der Welt gibt.« Aus diesem Blickwinkel gesehen, könnte man sagen, die humanistische Bewegung der Renaissance nahm ihren Anfang in den Gärten, die nach dem Vorbild der Gärten des alten Roms gestaltet wurden. Liest man die Beschreibung des Renaissancegartens von Giovanni Boccaccio in seinem Dekameron, ist man auch von Petrarcas einmaligen Gärten vollends überzeugt. Boccaccios persönliche Bekanntschaft mit Petrarca geht auf das Jahr 1348 zurück, dasselbe Jahr, in dem in Florenz die Pest wütete. Ein Jahr später läßt Boccaccio das Bild eines Gartens entstehen, das zu den schönsten in der Weltliteratur gehört. Der Garten befindet sich zu Seiten eines Palastes und ist von einer hohen Mauer umgeben. Eine Gesellschaft von sieben Damen und drei jungen Männern betritt die Gartenanlage und Boccaccio beginnt zu berichten: »Gleich auf den ersten Blick bot sich dieser in so auserlesener Schönheit ihren Blicken dar, daß sie begannen, seine einzelnen Partien genau zu betrachten. Breite Laubengänge von Wein, die so

Der Kräutergärtner.
Holzschnitt nach einer Zeichnung
von Hans Weiditz, 1557

gerade wie Straßen waren und für das Jahr eine reiche Traubenernte versprachen, führten um ihn herum und quer durch ihn hindurch. Die Reben standen in höchster Blüte und verströmten ihren betäubenden Odem, der sich mit dem Dufte vieler anderer Pflanzen vermischte, über den ganzen Garten, so daß man glaubte, sämtliche Wohlgerüche des Orients einzuatmen. Die Seiten der Wege waren von weißen und roten Rosenstöcken und Jasmin fast geschlossen, und man konnte nicht nur am Vormittag, sondern auch, wenn die Sonne hoch am Himmel stand, in dem duftenden, angenehmen Schatten lustwandeln, ohne von ihren Strahlen getroffen zu werden. Zu lange würde es währen, aufzuzählen, wie viele und welche Gewächse hier standen und wie geschmackvoll alles geordnet war, doch waren wohl alle seltenen Pflanzen, die in unserem Klima gedeihen, hier in reicher Anzahl vertreten.

Bewundernswerter als alles andere war ein Rasenplatz in der Mitte des Gartens. Er war bedeckt mit den feinsten Gräsern, und sein sattes Grün, das fast schwarz erschien, war von tausenderlei Blumen bunt durchwoben. Er war von leuchtend grünen, kräftig treibenden Zitronen- und Orangenbäumen umstanden, die neben alten und jungen Früchten gleichzeitig Blüten trugen und nicht nur den Augen angenehmen Schatten spendeten, sondern auch durch ihren zarten Duft die Sinne entzückten. Inmitten des Rasenplatzes befand sich in einem weißen, intarsiengeschmückten Marmorbecken ein Springbrunnen, welcher – gleichgültig ob aus natürlicher oder künstlicher Quelle herrührend – aus einer Statue, die auf einer Säule in der Mitte des Beckens stand, so viel Wasser hoch gegen den Himmel warf, daß man mit weit weniger schon eine Mühle hätte antreiben können. Das Wasser plätscherte mit gefälligem Rauschen ins Brunnenbecken zurück, der Überfluß aber, auch das möchte ich noch erwähnen, wurde aus dem vollen Becken des Springbrunnens durch unterirdische Rohrleitungen unter dem Rasenplatz weggeleitet, kam außerhalb desselben wieder ans Licht, umfloß den Platz und bewässerte durch ähnliche Leitungsrohre den ganzen Park, bis er sich schließlich in einer Ecke sammelte, den zauberhaften Platz verließ und sich in klarem Strahl in die Ebene ergoß, nachdem er zuvor noch mit großem Kraftaufwand zum nicht geringen Vorteil des Schloßherrn zwei seiner Mühlen in Bewegung gesetzt hatte. Der Anblick dieses wunderschönen Gartens, seine reizvolle Ordnung, die Pflanzen und der

Springbrunnen mit den rings hervorsprudelnden Bächlein entzückte die Damen und Herren so sehr, daß alle versicherten, wenn auf Erden ein Paradies geschaffen werden sollte, so könnten sie sich keine schönere Form dafür vorstellen als die dieses Gartens, denn niemand vermöchte sich auszumalen, welche Schönheit ihm noch hinzugefügt werden könnte.

Während sie nun in heiterster Laune den Garten durchstreiften, sich bunte Girlanden aus den verschiedensten Zweigen wanden und dabei dem vielfältigen Gesang der Vögel lauschten, die anscheinend miteinander wetteiferten, entdeckten sie noch ein reizendes Plätzchen in dem Garten, das sie von anderen Überraschungen gefesselt, bislang übersehen hatten. Es war nämlich der Garten auch mit vielerlei schönem Getier belebt, auf das sie nun einander aufmerksam machten. Da gab es Kaninchen und Hasen, da lagerten Rehe und ästen junge Hirsche, und daneben waren noch mancherlei andre harmlose Tiere vorhanden, die sich ›fast zahm‹ auf ihre Weise umhertummelten. Die schönen Tiere, neben allem übrigen, erhöhten ihre Freude noch beträchtlich. Nachdem sie alles betrachtet hatten und eine Weile spazierengegangen waren, ließen sie in der Nähe des schönen Springbrunnens die Tische decken und begannen, nachdem sie … sechs Lieder gesungen und einige Reigen getanzt hatten, zu speisen … Einige blieben, von der Schönheit des Platzes entzückt, im Garten und vergnügten sich hier mit Büchern, Schachspiel und Puffbrett …«[19]

Den römischen Gärten der Antike ähnlich waren die Ziergärten der Renaissance von Alleen durchzogen, die sich rechtwinklig kreuzten. Die Umgrenzung sollte das Gefühl der Abgeschiedenheit und Abgeschlossenheit vermitteln. Innere Balustraden verdeckten die Sicht auf die Umgebung, ermöglichten, sich zurückzuziehen und untergliederten den Garten in einzelne Räume. In den rechtwinkligen »Kabinetten« der Renaissancegärten konnte man allein sein, konnte lesen, seinen Gedanken nachhängen oder mit seinen Freunden plaudern. Hatte im Mittelalter der Klostergarten im Klosterhof die symbolische Bedeutung als »Grenze des Paradieses«, so erweiterte der Renaissancegarten das Haus (die Villa, den Palast) nach außen. Nur die Isolierung von der Außenwelt behielten beide Gartenformen bei.

In Deutschland entstanden in der ersten Hälfte des 16. Jahrhunderts besonders in Augsburg (Fugger), in Nürnberg (Peller) und

Frankfurt (Schwindt) von der italienischen Renaissance beeinflußte Bürgergärten. Eine andere Gartenform, die in der Renaissance ihren Anfang nahm, sind die botanischen Gärten, die fast stets gleichzeitig mit den Universitätsgründungen entstanden (zum Beispiel 1525 Erfurt, 1577 Leiden, 1580 Leipzig, 1597 Paris, Heidelberg, 1598 Montpelliere, 1610 Gießen). Die botanischen Gärten lösten die Klostergärten für Küchen- und Heilkräuter und die sogenannten Apothekergärten ab. Sie stehen an der Wiege der wissenschaftlichen Botanik in der Renaissance, einige entwickelten sich zu bedeutenden Sammelstätten für Pflanzen der Neuen Welt und anderer neuentdeckter oder eroberter Länder.

Ein relativ eigenständiger, von italienischem Einfluß unabhängiger Gartenstil, prägte das Gartenbild dieser Zeit in Holland. Kleine regelmäßige Beete unter reicher und vielfältiger Verwendung von Blumen sowie der Wasserreichtum kennzeichneten den holländischen Garten. Aber auch der deutsche Renaissancegarten wurde keine bloße Kopie der italienischen Renaissancegartenform. Die Freude am vielfältigen Nebeneinander war größer als der Wunsch zu ordnen und die Teile in eine feste Abfolge einzufügen, was ein Rückgriff auf mittelalterlich-traditionelle Gestaltungsweisen bedeutet. Der Garten im deutschsprachigen Raum war außerdem französischen und den holländischen Einflüssen ausgesetzt.

Erasmus von Rotterdam entwarf in seinen »Vertrauten Gesprächen« (1519) das Idealbild eines deutschen Renaissancegartens. Seine Grundzüge wurden später wiederholt praktisch ausgeführt. Erwähnenswert sind hier der Garten des Breslauer Arztes und Humanisten Laurentius Scholz von 1585, die Gartenanlage des Patriziers und Bürgermeisters von Frankfurt Johannes Schwindt und der Residenzgarten zu Stuttgart, der bereits um 1570 als der schönste Garten in Deutschland galt. Eine berühmte an der suburbanen römischen Villa orientierte Gartenschöpfung waren die kaiserlichen Gärten bei Wien, deren Planung 1569 einsetzte. Die bedeutendste Gartenschöpfung des frühen 17. Jahrhunderts in Deutschland war der »Hortus Palatinus« am Heidelberger Schloß. Kurfürst Friedrich V. von der Pfalz hatte für das gewaltige Unternehmen den französischen Architekten, Ingenieur und Physiker Salomon de Caus gewonnen. De Caus war nach Reisen in Italien, Aufenthalten an den Höfen Belgiens und England 1614 in die Dienste des pfälzischen Kurfürsten getreten.

Die Renaissance bescherte dem Gartenbau zunächst die wiederentdeckten griechisch-römischen Klassiker der Acker- und Gartenbauliteratur. So erschienen bereits im 15. Jahrhundert Columella (zu Rom gedruckt 1482), die »Scriptores de re rustica« (1514), die von Erasmus, Bodäus, Ludovicus und Aldus bearbeitet worden waren. Die römischen Schriftsteller Cato, Varro, Columella und Palladius wurden in Florenz, Venedig, Paris und Lyon (1544) neu herausgegeben. In Leyden (1552) druckte man auch den »Oeconomicus« des Xenophon. 1598 wurden in Heidelberg sowohl die römischen Autoren als auch der Grieche Xenophon verlegt. Es handelte sich bei diesen Editionen durchweg um lateinische und griechische Texte.

Die in der Renaissance begonnene Hinwendung der Literatur zu den Nationalsprachen förderte auch die Übersetzungen in lebende Sprachen. Ende des 16. Jahrhunderts kam in deutscher Sprache »Des Columella Ackerwerk durch Michael Herr« heraus. Theodor Majus besorgte in Magdeburg eine neue Übersetzung. Diese und eine Übersetzung des Palladius erschienen 1612. Schließlich entsteht im 16. Jahrhundert das deutsche Gartenbuch, das sich nicht mehr nur auf die klassischen Werke stützt, hingegen aber die zeitgenössischen Erfahrungen sammelt und systematisiert. Die Autoren sind Ärzte, Pastoren, Juristen und andere gartenbaubeflissene Laien. Sie widmeten sich dem Acker- und Gartenbau oft ebenso eifrig, wie sie ihren Berufen nachgingen. Einige standen im Dienste von adligen Grundherrn. Gelegentlich nahmen selbst Fürsten die Feder zur Hand und schrieben ein Gartenbuch. Der Kurfürst August von Sachsen verfaßte 1571 ein »Künstlich Obst und Gartenbuch«, das drei Auflagen erlebte und einen Arbeitskalender, Anweisungen zum »Oculieren« und Rezepte für Baumsalben enthielt.

Den eigentlichen Boom deutscher Gartenbücher leiteten die Übersetzungen aus dem Italienischen und Französischen ein. Der Drucklegung des Werkes des Bolognesers Petrus de Crescentiis unter dem deutschen Titel »Petrus de Crescentiis zu deutsch mit Figuren« (Speyer 1493) folgte eine Fülle neuer Auflagen, Nachdrucke und Separatausgaben, in denen vor allem die Teile des Werkes, die den Garten- und Obstbau behandeln, immer wieder nachgedruckt wurden. Die zweite wichtige Übersetzung war die, die der Straßburger Arzt Melchior Sebicio 1579 von dem Sammelwerk »Praedium rusticum« (1559) des Franzosen Charles Estienne erstellte. Von den 15 Büchern des Sammelwerkes sind das dritte, fünfte und zwölfte ausdrücklich dem Gartenbau vorbehalten. Im dritten Buch wird das Grundmuster entworfen, dem dann später die deutschen Hausväter- und Gartenbücher folgten. Es enthält Anweisungen, wie man Gärten anlegen soll: einen gesonderten Krautgarten für die Gemüse, einen »Blumengarten« mit einem breiten Mittelweg, auf dessen einer Seite das Blumenwerk gepflanzt wird, auf der anderen Seite wohlriechende Kräuter wie Rosmarin, Lavendel, Salbei, Thymian, Kamille, Melisse und Dill auf viereckigen Beeten gezogen werden. Am Ende des Gartens, durch eine Mauer abgesondert, soll der »Baum- oder Lustgarten« angelegt werden. Er soll in einen Platz für die Anzucht (Aussaat der Kerne und Verpflanzung der Setzlinge) und in einen anderen Platz für die veredelten (geimpften) einheimischen und fremden Bäume gegliedert sein. In der Mitte des Gartens ist ein großer »Spazierplatz« vorgesehen mit einem Brunnen, um den Garten begießen zu können. Die Beete des Küchengartens und des Würzgärtleins soll man mit Rosmarin oder Buxbaum einhegen, die beschnitten oder bogenweise an Weidenstangen aufgebunden werden. Darüber hinaus enthalten die drei Bücher über den Gartenbau eine Reihe interessante Einzelinformationen. Der Leser erfährt etwas über die neu aufgekommenen wunderwirkenden Kräuter Nicotiano oder Peto – den Tabak – und die Wunderwurzel Mechaoetwa. Zum ersten Mal wird eine Anleitung zur Kompostanlage gegeben, eine französische Erfindung, die seitdem den deutschen Gärtnern bekannt ist.

Conrad Heresbach, Rat von Jülich, Cleve und Berg, schrieb das erste originale deutsche Landwirtschaftswerk »Rei rusticae libri Quatuor« (1570). Es fand aber nur wenig Verbreitung, da es nie in die deutsche Sprache übersetzt worden ist. Obwohl Heresbach sein Gut selbst bewirtschaftete, teilt er kaum eigene Erfahrungen mit. Seine Quellen sind hauptsächlich die der griechisch-römischen Acker- und Gartenbauliteratur.

Der volkstümlichste Autor ist Johannes Coler. Sein 1591 in Wittenberg herausgegebenes »Calendarium oeconomicum & perpetuum. Vor d. Haußwirt, Ackerleut, Apotecker und andere gemeine Handwercksleut, Kauffleut, Wanderßleut, Weinherrn, Gertner und alle dejenige so mit Wirtschafft umgehen« fand wohl gerade wegen der beim Volk beliebten Kalenderform mehr Verbreitung als jedes andere Gartenbuch. Colers zweites Buch »Oeconomia ruralis et domestica« erschien von 1595 bis 1602, ebenfalls in Wittenberg. Beide Bücher, später zu einem Werk zusammengefaßt, erlebten noch drei Auflagen in Frankfurt und eine letzte 1711 in Leipzig.

Der bis ins 18. Jahrhundert lebhafte Zuspruch zu Colers Werk beruhte sicher auch darauf, daß er dem deutschen Leser mit deutscher Zunge die Erfahrungen der deutschen Acker- und Gartenkultur nahebringen wollte. »Drumt bin ich nur ein Teutscher Schreiber und rede in diesen Büchern nur von Teutschen Aeckern, Pferden.«[20] Natürlich zitiert Coler als Humanist auch die antiken Quellen. Die zeitgenössischen Autoren sind ihm ebenfalls vertraut. Die verwendeten Quellen verselbständigen sich jedoch nicht mehr, sie sind mit seinen eigenen Erfahrungen verschmolzen. Es gelingt Coler auf diese Weise, ein anschauliches Bild von der Gartenkultur in seiner Zeit zu vermitteln.

Colers Gartenbeschreibung folgt der von Estienne. Besondere Aufmerksamkeit widmet er dem Obstbau. Man findet vielfältige Hinweise, die von der Aussaat der Kerne in Töpfe, die zunächst in den Keller gestellt werden, über das Verpflanzen der Sämlinge im Frühjahr auf besondere Beete im Garten, die er bereits »Schulen« nennt, bis zum Pfropfen der Wildlinge reichen. Zum ersten Mal wird bei ihm ausgeführt, daß große Bäume im Winter mit gefrorenem Ballen versetzt werden sollten.

Für den Gemüsegarten empfiehlt Coler die gleiche Ordnung wie für den Obstgarten. Alles soll fein ordentlich auf Beete gesät werden. Außer Kohl, Mohrrüben, Zwiebeln, Schoten, rote Rüben, Knoblauch, Gurken und Mohn sind Hopfen und Melde als Gemüse angebaut. Der Kräutergarten soll allerlei nützliche Kräuter und Wurzeln enthalten, die man wegen der Speise und Arznei der Menschen und des Viehs haben muß: Liebstock, Calmus, Meerettich, Fenchel, Lilien, Raute, Rosmarin, Salbei, Nelken, Lavendel, Majoran und Kümmel. Lilien, Nelken und Violen sind als Duftpflanzen zwischen die Kräuter gemischt. »... eitel schöne, wohlriechende Blumen« wünschte Coler im Blumengarten angepflanzt. Er erwähnt Nelken, Violen, Lilien, Convallium, Maienblümlein, Jelängerjelieber, Tausenschön, gelbe und weiße Märzblümlein, Vergißmeinnicht, Damaschkeblumen (Rosen) und Kamillen.

Während Coler mehr den ländlichen Garten im Auge hatte, wendete sich Peter Lauremberg, Mediziner und Botaniker in Rostock, in seinen lateinisch geschriebenen Gartenbüchern »Horticultura«

(1631) und »Apparatus Plantarius« (1632) dem städtischen Bürgergarten zu. Lauremberg besaß selbst mehrere große Gärten im Stadtgebiet, in denen er systmatisch experimentierte und beobachtete. Er widmete sich leidenschaftlich der Gartenkultur, seine Bücher fanden aber wegen des lateinischen Textes nur bei wenigen Gebildeten Verbreitung. Erst als Wolff Albrecht Stromer von Reichenbach 1671 und 1673 eine freie Übertragung veröffentlichte, wurde Lauremberg bekannter. Stromer bezeichnete sein Buch »Die edlen Garten Wissenschaft aus Petri Laurembergii Rostochiensis Horticultura et apparatu plantarum« als »teutschen Commentarius«, nicht als Übersetzung von Laurembergs Büchern.

In der Renaissance-Literatur wird vom Gärtner ein recht einseitiges Bild vermittelt. Die Hausbücher zeigen fast ausschließlich den »herrschaftlichen Gärtner«, der entweder adliger oder bürgerlicher Gartenliebhaber war oder der als angestellter kunst- und kenntnisreicher Gärtner die Gartenpläne und -wünsche in die Praxis umzusetzen hatte. Bevor eine eigenständige deutsche Gartenbauliteratur entstand, hatten solche Gärtner ihren Beruf oft in Italien, Frankreich oder Holland gelernt und dann bei den vielen kleinen oder größeren deutschen Hofhaltungen Anstellung gefunden, »weil die vom Adel und andere fürnehme Leut zu dieser Zeit besondere Lust und Begierde haben, Gärten zu bauen und dieselben zierlich und ordentlich anzurichten«, schrieb Johann Peschel in seiner »Garten Ordnung« von 1597.

Von den herrschaftlichen Gärten muß eine ähnliche Wirkung auf die Bürger- und Bauerngärten ausgegangen sein, wie seinerzeit von den Klöstern. Neue Pflanzenarten und Gartenformen wurden in diesen Gärten heimisch und weckten offenbar die Neugier auf weitere Zugänge. »Wer weiter Lust zu solchen Dingen hat«, schrieb Johannes Coler 1604, »der besichtige großer Herren und Potentaten Lustgärten und geselle sich zu ihren Gärtnern, da wird er viel sehen, hören und erfahren, das zur Erbauung und Erhaltung der Bäume, Blumen und Kräuter ... nützlich und dienstlich ist. Man soll von demselbigen lernen, der ein Ding lang in der Hand, Übung und Gebrauch gehabt hat ... Tägliche Erfahrung machet weise und geschickte Leute.«[21]

Der herrschaftliche oder höfische Gärtner genoß eine Sonderstellung, die in nicht wenigen Fällen »vererbt« wurde. Wahre Gärtnerdynastien entstanden auf diese Weise. Die bekanntesten sind die Familien Koellner, Petri und Schell. Zahlreiche Mitglieder dieser Familien waren in den vielen kleinen Residenzen Südwestdeutschlands als Garteninspektoren tätig. Die Nachkommenstafel des Hofgärtners Johann Arndt Koellner in Zweibrücken weist 37 Gärtnernamen auf. In den drei Familien zusammen konnten über 80 Hofgärtner und Gärtner nachgewiesen werden. Die angestellten Hofgärtner erhielten eine feste Entlohnung, die sich nach den Einkommensverhältnissen des Fürsten richtete. So bekam in Herrenhausen bei Hannover um 1670 der verantwortliche Gärtnermeister (= Gartenkünstler) 500 Thaler, der Gärtner 286, die vier Gärtnergehilfen zusammen 340 Thaler Jahresgehalt. Andere Hilfskräfte (Fronbauern, Tagelöhner) verdienten für ihre zwölfstündige Arbeitszeit bis etwa 1800 den Gegenwert von fünf bis acht Kilogramm Weizen.

Die weit zahlreichere Berufsgruppe des Erwerbsgärtners wird in der damaligen Gartenliteratur kaum erwähnt. Mehr erfahren wir aus den Zunftsatzungen über Ausbildungsanforderungen und -verfahren. So forderte man zum Beispiel in Augsburg, daß der junge Gärtner einen Wurz- und Irrgarten anlegen könne sowie über das Veredeln von Stein- und Kernobst und über »allerhand Blumengewächse« examiniert wird.

Einen interessanten Teil der Renaissance-Literatur bilden die Kräuterbücher. Im 16. Jahrhundert erscheinen zahlreiche deutschsprachige Kräuterbücher, so unter anderem von Otto Brunfels (»Contrafayt Kreüterbuch«, Straßburg 1532), Hieronymus Bock (»New Kreutterbuch«, Straßburg 1539), Leonhard Fuchs (»New Kreuterbuch«, Basel 1543), Adomus Lonicerus (»Kreuterbuch«, Frankfurt 1557) und Jacobus Theodorus (»Tabernaemontanus«, Basel 1664, »Neuw Kreuterbuch«, Frankfurt 1588). Die Autoren dieser frühen botanischen Schriften waren überwiegend Ärzte oder Apotheker. Eine anfängliche Konfrontation zwischen den Anhängern einheimischer Kräuter und den Freunden der neuen nach Europa eingeführten Pflanzen wurde im 16. Jahrhundert zugunsten der Freude an der Fülle neuer Blumen und Kräuter entschieden. Hieronymus Bock beklagte noch in einem Kräuterbuch den Hang der Zeitgenossen, über den neuen, fremden Gewächsen die bewährten einheimischen zu vergessen: »Die köstlichen Wurzen, so täglich bei uns mit Füßen getreten, will niemand wahrnehmen … Also ganz ist unser Kunst, Art und Natur auf fremde Dinge geneigt …«[22]

Die Entdeckung der Neuen Welt brachte Europa bisher völlig unbekannte Gewürzarten wie Vanille, Jamaika-Pfeffer oder Nelkenpfeffer (Piment) und Gewürzpaprika. Vanille wurde erstmals im Jahre 1510 in Spanien eingeführt. Der 1493 erstmals in Spanien eingeführte Paprika wurde dort ab 1585 kultiviert, um die gleiche Zeit in Mähren. Kartoffeln, Mais und Tabak gelangten nach Europa und wurden lange gartenbaumäßig kultiviert. Auch neue Blumen wie Canna und Balsamine, neue Gemüse wie der gelbblühende Kürbis und die Tomate wurden entdeckt und eingeführt.

Aber trotz Kräuterbücher und der Einrichtung botanischer Gärten bei den Universitäten darf man nicht zu euphorisch auf Deutschland blicken. Deutschland erhielt die meisten fremden Gewächse erst durch zweite Hand. Die führende Rolle in der Gartenkultur war an Frankreich übergegangen, das mit Holland, Belgien und England konkurrierte. England, allmählich im Besitz der meisten Kolonien, vermittelte bald vorzugsweise neue Gewächse nach Europa. Es folgten Holland und Belgien sowie Frankreich. Zum Schutz der zum Teil aus tropischen und subtropischen Regionen stammenden Gewächse errichtete man in botanischen Gärten Gewächshäuser, an den Höfen Orangerien. Die ersten Gewächshäuser wurden 1547 im Botanischen Garten zu Pisa (Italien) gebaut. Die ersten großen Glashäuser für exotische Gewächse entstanden in Wien unter Maximilian II. (17. Jahrhundert).

Den Gartengestaltungsprinzipien der Renaissance war vor allem der Ziergarten unterworfen. Nur ein Beispiel belegt noch heute die gleiche Gliederungsweise für einen Nutzgarten. In Villandry, im Tal der Loire gelegen, wurden 1536 neben dem Schloß sowohl ein Ziergarten als auch ein Gemüsegarten angelegt. In diesem wurden die im 16. Jahrhundert aus Amerika eingeführten Gemüsearten erprobt. Der Garten soll vielen anderen Gartenanlagen im Tal der Loire und in der Pariser Gegend als Vorbild gedient haben. Die Gemüsearten sind in den neun verschiedenen Beetkompartimenten so nach Grüntönen ausgesucht und abgestuft, daß die symmetrische Musterstruktur auch symmetrisch erscheint.

Ein anderes Beispiel für die Verbindung von Schönheit und Nutzen ist einer späteren Gestaltungsrichtung zugeordnet. Es ist der 1764 entstandene Wörlitzer Park. Obstplantagen, Baumschulen, landwirtschaftlich und gärtnerisch genutzte Flächen sind in die gesamte Anlage dieses Parks einbezogen.

Vom »gartenaere« zu »des Heiligen Römischen Reiches Gärtner«

NICHT GANZ SO SPEKTAKULÄR wie zur Zeit des »Bruder Gärtner« vollzog sich ausgangs des Mittelalters und in der Renaissance die Entwicklung des weltlichen Erwerbsgärtnertums in Deutschland. Dieser Teil des Gärtnerstandes trat überwiegend im Rahmen einer in sich differenzierten kleinbäuerlichen Schicht auf, also im Nebenerwerb. Er rekrutierte sich aber auch in seinen Anfängen aus der armen städtischen Bevölkerung. Ihr Wissensstand war nicht höher als der jeden Gartenbesitzers. Auch als aufgrund des Anwachsens der Städte der Beruf des Erwerbsgärtners entstand, war der »Gärtner« kaum in der Lage, mehr zu produzieren als der berufsfremde Gartenbesitzer. In Zeiten lebhafterer Nachfrage nach Gartenerzeugnissen gingen sie zuweilen dazu über, von anderen Produzenten Ware hinzuzukaufen, um diese zusätzlich auf dem Markt feilzubieten.

Dieser Zwischenhandel oder das Hökern ließ die Gärtner im Ansehen der Zünfte auf unterster Stufe rangieren. Der »gartenaere« war somit oft nichts anderes als ein Proletarier vor den Toren der Stadt. So kam es, daß qualifizierteres Gärtnern von den des Lesens und Schreibens kundigen Gartenlaien vorangebracht wurde. Hinzu kam, daß die Entwicklungsgeschichte der Gartenkultur bis zum 19. Jahrhundert mehrere Linien annahm, an denen der Erwerbsgärtner den geringsten Anteil hatte.

Der Arzneipflanzenbau, der ursprünglich nur in den Klostergärten gefördert wurde, ging in die Apothekergärten über, die zum Teil als Vorläufer der Botanischen Gärten angesehen werden müssen. Die Zierpflanzen, die ursprünglich aus dem Mittelmeergebiet kamen, später dann auch aus der Neuen Welt und anderen geographischen Regionen nach deren Entdeckung und Eroberung

Zunftwappen der Gärtner.

Oben (von links nach rechts): Wappen der Ziergärtner in Nürnberg, 1580: Vase mit drei stilisierten Rosen und einer Tulpe / Wappen der Gärtnerzunft in Hagenau, Ende 17. Jh.: drei weiße Rüben / Wappen unbekannter Herkunft: entwurzelter Baum, Säge, Sichel und Sterne. Mitte: Wappen der Straßburger Gärtner, um 1700: roter Schrägbalken auf silbernem Grund, zwei stilisierte Rosen / Wappen der Ziergärtner, um 1800: Rose und Sechsstern / Wappen der Baseler Gärtner: schwarze Forkengabel auf silbernem Grund. Unten: Wappen der Brüsseler Gemüsegärtner: goldener Rechen auf rotem Grund / Wappen unbekannter Herkunft, 17. Jh.: Rechen, Hacke und Spaten, links ein Doppelhaken, rechts ein Rebmesser / Wappen der Leipziger Gärtner, um 1830: Rechen, Spaten, Gießkanne und zwei Rebmesser

eingeführt wurden, fanden Eingang in die Privatgärten des Hochadels, der Kaufleute, Ärzte und Apotheker. Sie alle gärtnerten selbst oder stellten »Gärtner« an. Sogar der Obstbau, der einst das Privileg der freien Gärtner, der magister pomi, war, wurde schließlich durch Berufsfremde gefördert. Das 22bändige Werk »Der teutsche Obstgärtner« (Weimar 1794–1804) zählt zahlreiche Persönlichkeiten auf, die an den Fortschritten im Obstbau beteiligt waren; unter ihnen die Namen von Ärzten, Pfarrern, Militärpersonen im Ruhestand, Verwaltungsbeamte, Dorfschullehrer usw. Der Obstbau scheint überhaupt dafür prädestiniert gewesen zu sein, das Gärtnern ein Stück wissenschaftlich voranzubringen. Im Rahmen der Obstsortenkunde verfaßte der Apotheker Liegel in Braunau das erste Pflaumensystem. Die zehnbändige Systematik der Kernobstsorten (1799–1819) gab der Brunnenarzt Diel in Ems heraus. Die Kirschenklassifikation in Sicklers »Der teutsche Obstgärtner« verfaßte Major von Truchseß (Band 10, Herbst 1797). Eine vollständige Pomologie aller Obstsorten brachte der Pfarrer Johann Ludwig Christ aus Kronberg bei Frankfurt am Main (1809–1812) heraus.

Die Geschichte des Erwerbsgärtners war trotz der glänzenden Entwicklung anderer gärtnerischer Zweige nicht ganz so düster. Man braucht nur einen Blick in das Zunftwesen zu werfen, wie es sich seit dem 11. Jahrhundert in Italien und seit dem 13. Jahrhundert in Deutschland gestaltete. Eine Urkunde bezeugt, daß in Rom bereits im Jahre 1030 Gärtnerzünfte bestanden. Auf deutschsprachigem Gebiet wird jene aus Basel von 1268 als älteste Zunft angenommen. Über die Baseler Zunft führte Hofmann 1913 in seiner Arbeit »Die Entwicklung der Gärtnerei« aus: »Die Baseler Gärtnerzunft wurde 1268 von dem Coadjutor Heinrich von Neuenburg gegründet. Ihre Zunftrolle, sowie diejenige der Weber, die aus dem selben Jahr stammt, kann sich rühmen, zu den ersten Zunfturkunden in Basel zu gehören, die in deutscher Sprache abgefaßt worden sind. Beide Zünfte nahmen in der Gesellschaft eine weniger geachtete Stellung ein als die früher gegründeten Zünfte der Kürschner, Bauleute, Metzger, Bäcker und Schneider, denn die Kreise der Gärtner und Weber gehörten der niedrigsten Schicht der Bevölkerung an. Die Gärtnerzunft war vorwiegend eine Verkehrszunft, da ihre Mitglieder die Bodenprodukte von Stadt und Land vertrieben. Im Jahre 1429 standen die Gärtner unter den 16 vorhandenen Zünften an 11. Stelle. Die Mitgliederzahl der Zunft betrug damals 159 und das Zunftvermögen belief sich auf 36 555 fl., eine für damalige Zeit bedeutende Summe, die aber trotzdem noch weit hinter dem Vermögen anderer Zünfte zurückstand. Die Gärtnerzunft kam ihrem Vermögen nach an 9. Stelle.«[23]

Dank der gründlichen Untersuchungen von Heerwagen über »Gartenbau und Gartenkunst in der Stadt Augsburg« verfügen wir über einen guten Überblick des Zunftwesens in dieser Stadt. In Augsburg schlossen sich erstmalig 1276 die Gärtner, Obsthändler und Hucker zu einer Zunft zusammen. Im Jahre 1368 erscheinen die Gärtner ob ihrer geringen Zahl in der Zunft der Hucker, Obstler und Seiler.

1721 nennt das Zunftregister Augsburg eine Zunft der »Lust- und Baumgärtner«, deren »Meistergerechtigkeit« die Befugnis erbrachte, unter anderem erwerbsmäßige Lohnarbeit in Herrschaftsgärten anzunehmen. Schon um 1500 lernte der Gärtner in Augsburg drei Jahre bei einem Meister gegen Zahlung eines Lehrgeldes. Es folgten zwei bis drei Jahre Wanderschaft als Gärtnergehilfe. Das Musterstück bestand zum Beispiel in der Anlage eines Ziergartens. Eine größere 1351 gegründete Gärtnerzunft hat es in Straßburg gegeben. Sie stellte dem Rat der Stadt für den Kriegsfall 24 Mann zur Verfügung, was keine andere Zunft vermochte. Außerdem verfügten die Straßburger Gärtner über ein besonderes Zunftgericht. Ferner übte die Gärtnerzunft das ausschließliche Recht aus, die Leichenwagen bei den Begräbnissen zu stellen. Im Jahre 1789 hatte die Straßburger Gärtnerzunft 632 Mitglieder. Zu den bekanntgewordenen Gärtnerzünften gehört noch eine im Jahre 1332 gegründete Genossenschaft der Gärtner sowie eine religiösgewerbliche Gärtnerzunft von 1450 in Bamberg.

Die Quellenlage weist für das Zunftwesen der Gärtner nur wenige Städte aus. Selbst die Stadt Erfurt, die zu den ältesten Kulturstätten des Erwerbsgartenbaus gehört, meldet den ersten Zusammenschluß der Gärtner im Jahre 1838. Dort, wo Zünfte wirkten, haben die Gärtner auch Rechte erstritten oder politischen Einfluß gewonnen. So gelingt es um 1300 den Ulmer Gärtnern, Vertreter in den bis dahin nur vom Adel besetzten Rat der Stadt zu entsenden. Ein Zunftbrief vom 13. Februar 1418 regelte die Marktrechte zwischen Zunftmitgliedern und -nichtmitgliedern in Ulm. 1520 gestand ein Ratsbeschluß abermals nur den Gärtnern das Marktrecht für Gemüse zu. Derartige Kämpfe der Ulmer Gärtner gegen die

Bürgerschaft dauerten bis zur Auflösung der Zunft am 23. Januar 1829 an.

Die in Zünften zusammengeschlossenen Gärtner bildeten eine Berufsgruppe, die dem organisierten Handwerk entsprach und diesem gleichgestellt war. Aber nicht alle Gärtner schlossen sich zusammen, die Mehrheit verblieb sogar außerhalb der Zünfte. Das bekannteste Beispiel geben die Erfurter Gärtner. Außerdem wurde der Beruf des Gärtners in einem langen historischen Heraus- und Loslösungsprozeß aus bäuerlichen Bindungen seit dem 13. Jahrhundert immer wieder erzeugt. Die Zahl der Gärtner im Nebenerwerb nahm in einigen Gegenden Deutschlands beträchtlichen Umfang an. Es handelte sich hier einmal um die sogenannten Dreschgärtner, die ihrem Grundherrn dauerdienstverpflichtet blieben, zum anderen um die »Freigärtner«, die eine viel geringere Dienstpflicht gegenüber dem Grund- oder Fronherrn abzuleisten hatten. Einem Teil der Freigärtner gelang es, »Großgärtner« zu werden, andere kamen über den Status eines Tagelöhners nicht hinaus und eine dritte Gruppe versuchte ihren Lebensunterhalt zu sichern, indem sie neben der Erwerbsgärtnerei ein Handwerk ausübte.

Eine Ahnung von der zahlenmäßigen Verbreitung des Gärtnerberufes am Ausgang des Mittelalters vermitteln die Angaben der Zünfte und die mancherorts aufgefundenen Zahlen von amtswegen. So waren 1474 im kurfürstlichen Amtsbereich Wittenberg mit 29 Dörfern 71 Gärtner und 222 Hufner registriert. Im preußischen Schlesien standen im Jahre 1767 den 44500 Bauern 88000 Gärtner und 51500 Häusler gegenüber. Von den Gärtnern waren 30500 Freigärtner und 57500 Dreschgärtner.

Zu den am besten erforschten deutschen Gartenbauzentren gehört Erfurt. Wir verfügen heute über historische Einblicke, die in der Karolingerzeit beginnen und bis in die Gegenwart reichen. Der Erfurter Erwerbsgartenbau erlangte früh eine privilegierte Stellung. Sie wurde begründet durch die Verleihung des Stapelrechts an die Stadt Erfurt durch Karl den Großen im Jahre 805. Danach mußten alle Waren aus ganz Thüringen Erfurt zugeführt werden. Eine kaiserliche Verordnung hatte Erfurt zu dem Handelszentrum von Thüringen bestimmt. Dort kreuzten sich nämlich die alte Königsstraße, die quer durch Deutschlands Mitte ging und jener Weg, der aus Franken über den Thüringer Wald führte und

Garten im Frühjahr.
Kupferstich von Nicolaes de Bruyn,
um 1620

jenseits dem Harz zustrebte. An solchen Schnittpunkten bildeten sich traditionell die Märkte aus, auf denen sowohl importierte Waren als auch die Erzeugnisse von Acker- und Gartenbau sowie der anderen Gewerbe gehandelt wurden.

Zum Stapelrecht gesellten sich im Laufe der Zeit weitere Rechte oder Privilegien, so das Niederlagenrecht. Hiernach war jeder Händler, der das Gebiet der Stadt betrat, verpflichtet, seine Waren eine bestimmte Anzahl von Tagen zum Verkauf anzubieten und den Bürgern das Vorkaufsrecht zu gewähren. Das ausschließliche Recht der Stadt Erfurt, Waren zu verwiegen, schlug sich im Krahnenrecht oder Waagrecht nieder. Das Ziel des Verwiegens aller Waren war die Berechnung des Ungeldes oder der Steuer, deren Höhe nach dem Gewicht zu entrichten war. Eine Waagordnung vom Jahre 1631 erwähnt auch zu verwiegende Gartenerzeugnisse: Waid, Rüb- und Zwiebelsamen, Korn, Roggen, Gerste, Malz, Hafer, Erbsen, »allerhand ander Gesämig«, Kraut, Zwiebel und andere Gärtnerware, Saflor oder Färberdistel, Hopfen usw.

Erfurts verkehrsgünstige Lage verschaffte der Stadt allein drei Privilegien zur Durchführung von Messen. Diese bedeuteten für Erfurt, daß die aus den Hansestädten nach Nürnberg, Bayern, Schwaben, von Leipzig und aus der Mark nach Frankfurt, an den Rhein, in die Niederlande und umgekehrt verlaufenden Handelswege über Erfurt führen mußten. Die Messen, die den Warenstrom zu bestimmten Zeiten in Erfurt zusammenführten, bildeten Stützpunkte des Handels. Für die Erfurter Gärtner waren sie eine Möglichkeit, ihre Waren ohne Umwege in alle deutschen Landschaften zu befördern. Messen befreiten übrigens auch von Zunftbindungen. Schließlich war Erfurt zum Sitz des Geleite bestimmt worden. Die Stadt übte somit die Funktion eines Handelsgerichtes aus. Es überwachte die Einhaltung aller Handelsbestimmungen.

Die Privilegien bewirkten, daß Erfurt schon in der Karolingerzeit zum Mittelpunkt des Großhandels für Thüringen heranwuchs. Die Stadt entwickelte im Rahmen dieser günstigen Umstände vor allem seinen Acker- und Gartenbau. Mit den Erzeugnissen bezahlte man die Importe. Die Gärtner verlegten sich auf den Exporthandel mit einheimischen Gartenerzeugnissen. Wegen des mangelhaften Zustandes der Handelswege sowie der zeitlichen Entfernungen kam frisches Gartengemüse als Großhandelsware kaum in Betracht. Die Erfurter Erwerbsgärtner spezialisierten sich daher auf den Handel mit

Körnerfrüchten und Sämereien. Einen historisch begrenzten Zeitraum hindurch dominierte der Färberwaid- und der Weinexport. Luther wußte wovon er sprach, als er in einer seiner Tischreden die Erfurter Gärtner als »des Heiligen Römischen Reiches Gärtner« bezeichnete. Es war ihr Weltruf, den die Gärtner sich in 700 Jahren erarbeitet und erwirtschaftet hatten. Erfurt gehörte bereits zu Luthers Zeiten zu den ältesten deutschen Kulturstätten des Erwerbsgartenbaus. Das älteste Schriftzeugnis, das etwas über den Erfurter Gartenbau aussagt, ist eine Urkunde aus dem Jahre 1133. Sie besagt, daß der Erzbischof Adalbert auf Bitten der Kanoniker von St. Severi elf Gärten im Hirschbrühl bei Erfurt von einigen Lasten befreite. Die Urkunde dokumentiert, daß es schon vor 850 Jahren zahlreiche Zuchtgärten im Erfurter Raum gab. Die ersten Erwerbsgärtner neben den Mönchen waren aus Holland zugereiste Fachleute, die sich der Tulpenzucht und dem Gemüsebau widmeten.

Der Färberwaid (*Isatis tinctoria*) diente während des ganzen Mittelalters allgemein zum Blaufärben der Stoffe und Gewebe. Die Waidkultur ist aus dem slawischen Osten nach Erfurt gekommen. Waidbau verlangt einen ergiebigen, warmen Boden. Waid gehört zu den stark zehrenden Gewächsen. Bei intensiver Kultur ist daher der Boden bald ausgelaugt. Luther weist in seinen Tischreden auf diesen Umstand hin: »Erfurt ist ein fruchtbar Bethlehem gewest, aber nun hat mit mit dem Waydt die Aecker also verderbet, daß der Segen zum Fluche worden ist. Die Thaler tun den Bauern wohl. Gott wird ihm Thaler geben und das liebe Korn nehmen, also wird Hunger und Thewerung folgen.« Die geernteten Waidblätter durften nur von den Erfurter Waidhändlern weiterverarbeitet werden. Im Jahre 1597 gab es in Erfurt 112 Waidhändler. Der Waidbau ist die Quelle der Größe und der Macht Erfurts bis zum 16. Jahrhundert. Diese Stadt war die Handelszentrale der ganzen Welt für dieses Produkt geworden. Im 17. Jahrhundert jedoch beginnt der Anbau zu versiegen.

Im Mittelalter bedeckten üppige Rebengelände alle Anhöhen und Hügelrücken um die Stadt. Die steilen Muschelkalkabhänge sollen massenhaft Trauben getragen haben. Die Rebensorten blieben aber nicht konkurrenzfähig. Hinzu kam, daß Obst- und Getreidebau größere Gewinne abwarfen. So setzte ein kontinuierlicher Rückgang ein. Im 19. Jahrhundert kam der Weinbau in Erfurt gänzlich zum Erliegen.

Der Samenexport hat dem Erfurter Erwerbsgartenbau die größte Dauerhaftigkeit ermöglicht. Spezialisierungen setzten auch bei dieser Kultur bereits im Mittelalter ein. Es kristallisierten sich exportträchtige Handelsgewächse heraus, die dementsprechend kultiviert wurden. Natürlich blieben nicht alle Pflanzensamen auf dem Markt. Bis zum 18. Jahrhundert war der Saflor (Färberdistel, *Chartamus tinctorius*) ein gewinnbringendes Handelsgewächs. Aus der Färberdistel gewann man einen gelben oder roten Farbstoff. Zwischen dem 16. und dem 18. Jahrhundert wird ein lohnender Anbau der Anis festgestellt. Der Export von Anissamen aus Erfurt soll nach einer Berechnung von Reichart 3000 Zentner erreicht haben. Seit dem 17. Jahrhundert wird von Exporten des Rettichsamens nach Rußland berichtet.

Eine Übersicht am Ende des 18. Jahrhunderts weist 15 Handelsgewächse nach Menge und prozentualem Anteil sowie Wert in Mark aus.

Ausfuhrartikel	Quantität	Wert in Mark	Prozent
Anis aus der Stadt	2500 Ztr.	75 000	32,5
Anis vom Lande	2500 Ztr.	75 000	32,5
Anisöl	2000 Pfd.	12 000	5,2
Kanariensamen	100 Ztr.	900	0,3
Foenum graecum	200 Ztr.	900	0,3
Koriander	300 Ztr.	3 000	1,3
Blauer und weißer Mohn	400 Ztr.	6 000	2,6
Mohnöl	100 Ztr.	4 200	1,8
Schwarzkümmel	40 Ztr.	750	0,3
Senf, gelb und meliert	50 Ztr.	450	0,2
Saflor	5 Ztr.	300	0,1
Weiße Bohnen	100 Ztr.	1 200	0,5
Waid	2000 Faß	24 000	10,4
Rübsaat und Rüböl		15 000	6,5
Brunnenkresse		12 000	5,2
Summe		230 700	99,9

Ohne Angabe der Werte sind noch Fenchel, Wacholder und Kleesamen erwähnt.[24]

Anlage eines Gemüsegartens mit Frühbeeten.
Kupferstich von Defert
nach einer Zeichnung von Goussier,
um 1760

Der Erfurter Obstbau gehört in der Gegenwart zu den jüngeren Kulturen, obwohl er bereits zu Luthers Zeiten in hoher Blüte stand. Er erlitt immer wieder Rückschläge. Der heutige Anbau geht auf das 19. Jahrhundert zurück.

Die Erfurter Gemüsegärtnerei hatte bis in das 19. Jahrhundert hinein nur lokale Bedeutung, insofern es sich um Frischgemüse handelte. Zudem hatten sich wegen der günstigen Lage (Flußnähe, durch Melioration gewonnener fruchtbarer Boden) auch die Bürgergärten auf Gemüsezucht eingestellt.

Christian Reichart war der bedeutendste Gartenbautheoretiker in der Geschichte des Erfurter Erwerbsgartenbaus. Seine Wirkungsgeschichte fällt in die Zeit nach der relativen Schwächung der Gartenkultur durch den Dreißigjährigen Krieg. Reichart war eigentlich für den Justiz- und Verwaltungsdienst vorbereitet, widmete sich aber, im Dienste seiner Vaterstadt stehend, in zunehmendem Maße der Verbesserung des Erfurter Gartenbaus. Was Albrecht Thaer für den Ackerbau, das ist Christian Reichart für den Gartenbau. Beide Gelehrte strebten an, die Erkenntnisse von Naturwissenschaft und Ökonomie nutzbar zu machen.

Das Wissen der Gärtner hielt Reichart für nicht auf der Höhe der Zeit. Er vermißte die geregelte Berufsausbildung und kritisierte, daß sich jeder Bauer, der in die Stadt zieht, jeder Tagelöhner, der ein paar Acker Land pachtet, sich sogleich Gärtner nennen kann. Die etablierten Gärtner würden ihre Geheimnisse hüten und keinerlei Bereitschaft zeigen, ihre Erfahrungen weiterzugeben. Dabei kam es Reichart, selbst Autodidakt unter den Gärtnern, gar nicht darauf an, die Gärtner in selbständige Erwerbsgärtner und in abhängige Tagelöhner-Gärtner zu teilen. Wichtig war ihm nur, den Erfurter Gartenbau durch die Anwendung wissenschaftlicher Erkenntnisse und Austausch aller Erfahrungen so zu erneuern, daß er an den einstigen Weltruf anknüpfen konnte.Reichart erreichte es in der Tat, eine neue Epoche des Erfurter Erwerbsgartenbaus einzuleiten. Vor allem sein Hauptwerk, der »Gartenschatz«, zählt zu den führenden Werken des theoretischen und angewandten Gartenbaus, das das 18. Jahrhundert aufzuweisen hat. Erfurt verdankt ihrem großen Sohn Christian Reichart den modernen Exporthandel mit Blumen-, Kräuter- und Gemüsesamen, den Ruf, eine Blumenstadt zu sein, die Einführung einer wissenschaftlich begründeten Fruchtfolge usw. Reichart hat kein Gebiet des Erwerbsgartenbaus ausgeklammert. Das Niveau der vorgefundenen Gartenliteratur hielt er für unzureichend. Die Literatur erfasse nicht die Schwerpunkte des zu Lehrenden, sondern verbreite sich über wertlose Äußerlichkeiten, konstatierte Reichart. Seine eigenen Werke wurden in Nachauflagen bis 1820 verlegt.

Ein besonderes Anliegen ist ihm, wie das Ansehen des Gärtners gestärkt werden kann. In seiner Schrift »Einleitung in den Garten- und Ackerbau« (1758) findet man dazu in Paragraphen gefaßte Ratschläge:

§ 22. Aber doch kommt es auch auf die Gesundheit und gute Leibesstatur nicht alleine an, sondern es muß ein Lehr-Herr hauptsächlich darauf sehen, ob ein Junge einen fähigen Kopf und andere gute Gemüths-Eigenschaften habe, ehe er denselben in die Lehre nimmt. Denn wer diese Profession recht erlernen will, der muß ein munteres Gemüthe und einen fähigen Kopf haben. Besonders wird eine lebhafte Einbildungskraft und ein gutes Gedächtnis dazu erfordert.

§ 23. Ein junger Mensch, der die Gärtner-Kunst zu lernen gesonnen ist, muß auch das Rechnen und Schreiben, wozu man heut zu Tage fast in allen geringen Schulen Gelegenheit hat, nicht verabsäumen. Denn es ist bey einem Gärtner unvermeidlich, mit seinen Kunstverwandten und anderen Gartensachverständigen, in Verschreibung vieler Dinge zu correspondieren.

§ 27. Es ist auch vor einen Gärtner sehr rühmlich, wenn er sich beständig befleisiget, die Nahmen der in den Gärten vorkommenden Gewächse, und besonders derjenigen, welche in der Arzeney gebrauchet werden, so wohl Deutsch als Lateinisch zu lernen.

§ 31. Ein Gärtner muß auch munter und wachsam seyn, damit er nicht nur frühmorgens, sonderlich im Früh-Jahre zu rechter Zeit aufstehen, nach seinen Mistbeeten und Gewächsten sehen, und seine Geschäfte im Garten bey Zeiten vornehmen, sondern auch im Winter des Nachts aufwachen, und bey strenger Kälte in den Gewächs-Häusern einheitzen könne. Wo dieses nicht geschiehet, so entstehet nichts als Unordnung Schaden und Verdruß …

§ 33. Mit der Wachsamkeit und Sorgfalt eines Gärtners muß auch der Fleis und die Arbeitsamkeit verbunden seyn. Wer faul ist und commod ist, mag sich nur zur Gärtnerey nicht begeben.

§ 34. Aber eben damit ein Gärtner könne wachsam, fleisig und ordentlich seyn, so darf er sich durchaus nicht an das starke Wein-Bier- und Brandewein-Trinken gewöhnen … Denn ein Mensch der dem Trunke ergeben, ist zu aller, in einem Garten nöthigen Sorgfalt, Wachsamkeit und Fleisse ganz ungeschickt, und wird oft das Allernöthigste verabsäumen und zu Schaden kommen lassen. Überdies wird der wöchentliche oder monatliche Lohn durch das schändliche Sauffen durch die Gurgel gejaget, daß sich ein solcher Geselle hernach nichts auf den Leib schaffen kan, und seinem Herrn zur Schande wie ein Bettler hergehen muß.[25]

Das von Reichart entfachte Interesse an der Hebung des Gärtnerstandes ebbte seitdem nicht mehr ab. Ein Meilenstein war die 1838 erfolgte Gründung des Erfurter Gartenbauvereins, der ab 1842 die »Allgemeine Thüringische Gartenzeitung« herausgab. Unter der Redaktion des Freiherrn von Biedenfeld wurde sie 1848 zum Sprachrohr aller Sorgen und Forderungen der Thüringer Handelsgärtner. Diese reichten von der Kritik an der ungleichen Verteilung der Gewerbesteuerlasten – die Handel treibenden Hofgärten waren von der Erwerbssteuer befreit – bis zu der Frage, welche Ausbildungskriterien an den künftigen Handelsgärtner angelegt werden sollen. Die Anregung des württembergischen Institutsgärtners und Vorstehers der Gartenschule in Hohenheim, Eduard Lukas, das Hauptgewicht für ein Erstarken des Standes und als Vorbedingung für einen Erfolg im Konkurrenzkampf in einer entsprechenden Vorbildung zu sehen, wurde auch von den Erfurter Gärtnern aufgegriffen. Sie führte zur Gründung einer Gärtnerlehranstalt in Erfurt. Leider existierte diese Anstalt nur wenige Jahre, jedoch waren Maßstäbe gesetzt, hinter die man schwerlich zurückgehen konnte. Die erste große Gartenbauausstellung fand im Jahre 1865 in Erfurt statt. Sie umfaßte alle Zweige des Gartenbaus und war mit dem zweiten Kongreß deutscher Gärtner, Botaniker und Gartenfreunde verbunden. Weitere Gartenausstellungen großen Stils folgten. Nach dem Muster Erfurts entwickelte sich der Samenhandel und die Samenzucht auch in anderen Städten Thüringens und der Provinz Sachsen (Sachsen-Anhalt) wie in Quedlinburg, Aschersleben und Arnstadt. Mittelpunkt des Handels blieb aber Erfurt.

Der Gärtner
Ludwigs XIV

BIS TIEF INS 16. JAHRHUNDERT hinein herrschten dies-
seits der Alpen, die ebenen, schachbrettartig aufgeteilten Gartenanlagen, deren einzelne Blumen oder Staudenfelder mit
niedrigen Buchsbaumhecken eingefaßt zu sein pflegten. Eine künstlerische Verbindung des Gartens mit dem Wohngebäude oder dem
Repräsentationsbau war kaum angestrebt. Im Verlaufe des 17. Jahrhunderts aber begannen die französischen Gärtner, die Gartenanlagen der gewöhnlich an Bergabhängen gelegenen italienischen Villen
nachzuahmen, deren Terrassen, Treppen, Balustraden, Brunnen
und Wasserkünste sich organisch der Hauptachse des Wohnhauses
anschlossen, dessen Raumbildung sie ins Freie hinein fortsetzten. Nur
paßten die französischen Gartenschöpfer den italienischen Berggar-
tenstil unter Einbeziehung des holländischen Kanalgartenstils ihrem
flacheren Gelände und ihren weiträumigen Schloßplänen an. So entstanden jene französischen Gartenschöpfungen, die auf lange Zeit
hinaus maßgebend für die architektonische Stilisierung der nächsten
landschaftlichen Umgebung größerer Schloßbauten blieben.

Um die Mitte des Jahrhunderts schrieb Claude Mollet, der Gartenkünstler Luwig XIII., der die Gartenanlage von Fontainebleau gestaltet hatte, über die Anfänge des neuen Gartenkunststils. In seinem
Werk »Théâtre des Plans et Jardinages« (Paris 1652) vermerkt Mollet,
wann es in Frankreich zu dieser Neuerung kam: nach der Rückkehr
des Architekten Dupérac aus Italien, wo dieser lange Zeit unter anderem die antike und die zeitgenössische Gartenkunst studiert hatte.
Für das Schloß Anet habe er Zeichnungen entworfen »derart, daß ein
Garten nur ein einziges Parterre bildet, geteilt durch große Wege
(voyle). Man nannte diese neuen Parterres ›compartiments de bro-
derie‹.«[26] Eine weitere Stufe der Entwicklung bezeichnet der deutlich

unter italienischem Einfluß entstandene Garten des Palais du Luxembourg in Paris. Der Garten gilt als eine der prachtvollsten Schöpfungen französischer Parterrekunst vor Le Nôtre. Entworfen hatte die Gartenanlage Jacques Boyceau de la Barauderie für die Königin Maria von Medici. Es war ihr Wunsch, ein Stück Florentiner Heimat nach Paris zu holen. Das Resultat übertraf bei dem hohen Stand der künstlerischen Entwicklung, den das Parterre zu Beginn des 17. Jahrhunderts in Frankreich erreicht hatte, die italienischen Vorbilder.

In der zweiten Hälfte des Jahrhunderts brachte André Le Nôtre die neue Gartenkunst zur Vollendung. Das Werk Le Nôtres bildet den Höhepunkt gartenkünstlerischen Gestaltens im Barock. Er entstammte einer Gärtnerfamilie. Sein Vater, Jean Le Nôtre, war unter der Oberleitung Claude Mollets erster Gärtner seiner Majestät in den Tuilerien, später »jardinier en chef du roi« für diese Gartenanlagen. Der junge Le Nôtre war zuerst Maler und wandte sich danach der Gartenkunst zu. Die Grundlagen der Gartenbaukunst erlernte er von seinem Vater, der seinen Sohn einst an seiner Stelle sehen wollte. Im Jahre 1637 wurde ihm das Amt des Vaters übertragen. Die eigentliche Karriere begann mit der Gartenschöpfung von Vaux-le-Vicomte, die er im Auftrage des Finanzministers Nicolas Fouquet gemeinsam mit dem Architekten Louis le Vau und dem Maler Charles le Brun ausführte. Wenige Wochen nach dem Einweihungsfest ließ Ludwig XIV. Fouquet verhaften und für den Rest seines Lebens ins Gefängnis werfen. Das Fest hatte, so schien es dem König, dessen eigene Prunksucht in den Schatten gestellt. Das Künstlertrio hingegen trat in die Dienste des Königs. Es wurde mit einer noch glanzvolleren Aufgabe betraut: Schloß Versaille. Und Le Nôtre schuf endgültig aus dem bisher nur regelmäßigen Garten einen architektonischen. Das Schloß von Versaille wurde auf einer hohen Terrasse von gewaltigen Abmessungen angelegt. In einiger Entfernung vom Schlosse zieht sich, von seiner Mitte ausgehend, eine breite, schnurgerade Lichtung, in der ein Kanal durch ein breiteres Wasserbecken hindurchführt, von allmählich höher werdenden Laubhecken eingefaßt, die anfangs Blumenbeete, dann Strauchfelder, schließlich Baumhaine umrahmen, weit in die Ferne hinaus. Zahlreiche Nebendurchsichten, einander kreuzend, gehen strahlenförmig vom Schlosse oder von Ruhepunkten des Hauptausschnitts aus. Innerhalb der umrahmten Felder (Boskett) findet man lauschige grüne Gemächer, Theater und Spielstätten. Das Heckenwerk hatte an den breiten Wegen und an den Plätzen die

Form von Laubengängen von palastartigen Verhältnissen mit Labyrinthen, Sälen, Zimmern mit herausgeschnittenen Fenstern. Wasserkünste, Spring- und Fallbrunnen (Kaskaden) beleben die weiträumigen Anlagen, die außerdem von einer Fülle marmorner Standbilder
bevölkert sind.

In Versailles gelang es Le Nôtre, alle bekannten und bereits zuvor
verwendeten Ziergartenelemente wie Kanal, Bassin, Brunnen, Was-
sertheater, Grotte, Allee, Dreistrahl, Boskett, Blumen- und Brode-
rieparterres, Terrassierung, Aufteilung in Kompartimente zu einem
neuen Gesamtbild zu vereinigen, das einerseits als Repräsentations-
garten auf die Gebäude bezogen, andererseits streng getrennt von
der natürlichen Umgebung gestaltet ist. Jean de la Fontaine dichtete
auf Versailles:

> »so viel verschied'ne Dinge fesseln hier den Blick,
> wenn er bald der, bald jener Perspektive folgt,
> Und alle Wege führen in das Reich Le Nôtres«.

Le Nôtre schuf und gestaltete noch die Anlagen zu Chantilly,
St. Cloud, Fontainebleau, Mendon, Sceaux, in den Tuilerien sowie
die Promenaden in Amiens. Er wurde 1665 Mitglied der Akademie
und 1675 von Ludwig XIV. in den Adelstand erhoben. Bis zu seinem
Tode genoß er das Wohlwollen des Königs. Der Herzog von Saint-
Simon gibt in seinen Memoiren eine Würdigung André Le Nôtres:
»Am 15. September starb Le Nôtre, nachdem er achtundachtzig
Jahre in vollkommener Gesundheit gelebt und sich stets seiner Gei-
steskräfte und seiner künstlerischen Begabung erfreut hatte; es ist
sein Ruhm, als erster die Pläne für die schönen Gärten entworfen zu
haben, die Frankreich zur Zierde gereichen und die den Ruf der italienischen Gärten – die im Vergleich zu ihnen in der Tat nichts sind –
so sehr verblassen ließen, daß die berühmtesten Meister dieses Fachs
aus Italien nach Frankreich kamen, um hier zu lernen und zu bewundern. Le Nôtre war von solcher Redlichkeit, Zuverlässigkeit und
Aufrichtigkeit, daß er sich allgemeiner Liebe und Achtung erfreute.
Niemals erhob er sich über seinen Stand, nie schätzte er sich falsch
ein, immer handelte er völlig uneigennützig. Er arbeitete für private
Auftraggeber mit derselben Sorgfalt wie für den König. Er suchte nur
der Natur nachzuhelfen und mit möglichst geringem Aufwand die
wahre Schönheit hervortreten zu lassen … Einen Monat, bevor Le

Nôtre starb, nahm ihn der König, dem seine Gegenwart und seine Unterhaltung angenehm waren, mit in seine Gärten; wegen seines hohen Alters ließ er ihn in einen Rollstuhl setzen, den ein Diener neben dem seinen herschob. Da rief Le Nôtre aus: ›Ach, mein guter Vater, wärest Du noch am Leben, so könntest Du jetzt Deinen Sohn, einen armen Gärtner, im Rollstuhl neben dem größten König der Welt einherfahren sehen, und das wäre für mich das größte Glück‹«[27]

Der Gartenstil des Barock verbreitete sich, wie alles, was vom Hofe Ludwigs XIV. ausging, rasch über ganz Europa, selbst über Nordamerika. Gedruckte Pläne lagen vor, zahlreiche Gartenkünstler, darunter Le Nôtre selbst, wurden ins Ausland berufen, um Schlösser und Gärten im Stile Versailles anzulegen. Harri Günther merkt zum franzöischen Gartenstil an: Die Gartenkunst Frankreichs hatte »eine Vollkommenheit erreicht, die sie für ganz Europa vorbildlich werden ließ. Es waren weniger der Pomp des ausgehenden Grand Siècle noch die ins fast Unmeßbare gestiegene Hofhaltung, auch kaum die Größe der Gärten von Versailles, die den Königen und den kleinen Fürsten Europas nachahmenswert erschienen, sondern die in klarer Logik wohlproportioniert aufgebauten Gärten mit einem lebensvollen Raumprogramm, das dem des Schloßbaues nicht unähnlich war.« Und an anderer Stelle fügt Günther hinzu: »Mit dem Tod Ludwigs XIV (1715) und Le Nôtres (1700) erfüllte sich die große Mission des französischen Gartens. Was nun folgte, war allenfalls eine Variation des gegebenen Themas, aber kaum ein grundsätzlich neuer Gedanke keimte mehr auf.«[28]

Der Garten war dem höfischen Leben unterworfen und nach den Regeln der Etikette gestaltet. Die Natur mußte dem höfischen Programm mit geschnittenen Bäumen und Hecken folgen. Die Pflanze war abhängig von den Forderungen an den Gartenfreiraum, dazu hatte sich eine raffinierte Gartentechnik herausgebildet, die den Schnitt der Gehölze, besonders von Hainbuchen, Rotbuchen, Eiben und Fichten zu höchster Kunstfertigkeit entwickelte. Zu den herausragenden Gartenschöpfungen im Stile des französischen Gartens außerhalb Frankreichs zählen Hampton Court in England, in Spanien La Granja bei Madrid, in Schweden Drottningsholm und Karlsberg am Mälarsee, in Dänemark Frederiksborg, in Rußland Peterhof am Finnischen Meerbusen, in Italien Caserta, in Deutschland Ludwigsburg, Wilhelmshöhe und Karlsaue von Kassel, in Österreich Belvedere und Schönbrunn bei Wien.

Der Gärtner
im Widerstreit
zwischen
Kunst und Natur

LLMÄHLICH TRAT im 18. Jahrhundert eine geistige Er-
müdung ein. Eine junge Generation, die aus dem klassischen Garten Le Nôtres herausgewachsen ist, meldete
neue Ansprüche an. Sie leiten zu den Gärten der Régence über.
Zwischen 1715 und 1774, der Zeit Ludwigs XV., wird im Gleich-
klang mit der Auflockerung der Hofsitten die strenge Wucht des
Stils Le Nôtres durchbrochen. Dem Zeitgeist entsprechend werden
die Ecken und Kanten abgerundet. Der Ausstattungsstil wird leich-
ter, phantasievoller. Muschelwerk wird zum Inbegriff einer Stilbe-
zeichnung, die sich den Barockschöpfungen nicht nur Italiens und
Deutschlands, sondern auch jenen Frankreichs und Englands ent-
gegenstellt, das Rokoko. Der neue Zeitstil blieb aber selbst in Frankreich nur eine Strömung des 18. Jahrhunderts. Das Rokoko fehlte
in einigen Ländern, wie in England, sogar völlig. In anderen Ländern, wie namentlich in Deutschland, erwies es sich stärker und
langlebiger als in Frankreich selbst.

Den französischen Rokokostil brachte ein Schüler Robert de Cot-
tes – größter Baumeister Frankreichs während der Régence – oder
»Regentschaft« (1715–1725) –, Francois de Cuvillies, nach
Deutschland. Er war seit 1725 in München als Hofbaumeister tätig.
Unter Friedrich dem Großen zog der französische Rokokogeist in
Berlin und Potsdam ein, wo er sich in der Folgezeit zu klassizisti-
scher Nüchternheit verflüchtigte. Stärker als die Rokokoströmung
wirkten in ganz Europa die Tendenzen, die von der Notwendigkeit
einer völligen Umkehr ausgingen. Bereits in den Arbeiten des An-
toine Joseph Dezallier d'Argenville, des wichtigsten Theoretikers
der Gartenbaukunst der Régence und des Rokoko, sind im Namen
der Vervollkommnung von Le Nôtres Werk Prioritäten zugunsten

der Natur gesetzt: »Man hat aber 4 Haupt-Grund-Regeln bey Austheilung eines Gartens zu beobachten. Erstlich, daß man mache, daß die Kunst der Natur weiche; zum andern, einen Garten nicht allzusehr verfinstere; drittens, solchen nicht allzu viel entdecke oder bloß stelle; und vierdtens es also veranstalte, daß er allezeit grösser scheinet, als er in der That ist.«[29] Kommentare vertiefen diese vier Grundregeln. Diese erste gartentheoretische Darlegung, die ausschließlich und mit großer Ausführlichkeit den Lust- und Ziergärten gewidmet war, benutzten die Gartenarchitekten das ganze 18. Jahrhundert hindurch als unentbehrliches Lehrbuch. Dezallier d'Argenvilles empfahl übrigens das Studium seines Traktats »Die Gärtnerey« sowohl dem »Garten-Liebhaber« als auch dem Gärtner. Der Gartenliebhaber würde so »seinen Gärtner dahin anhalten können, daß er thut, was er zu thun schuldig ist, wann derselbe weiß, daß sein Herr selber von dieser Kunst eine Wissenschaft hat, dahingegen, wenn diese Leute sehen, daß die Herren gar nichts von der Gärtnerey verstehen, ihm allerhand weiß machen, tadeln, und zuweilen wohl gar wegen der an sie gethanen Fragen verlachen«.[30] Ferner sollte dieser Traktat auch »zum Unterricht der jungen Gärtner« dienen und diejenigen, die »in solcher Kunst keine Neulinge seyn, in dem, was sie davon verstehen, zu stärcken, und in vielen Dingen eine Erläuterung zu geben.«[31]

Tendenzen gegen die Dominanz der künstlerischen Form über die Pflanze sind in England bereits zu Anfang des 17. Jahrhunderts festzustellen. Zunächst ließ man die sonst steif beschnittenen Bäume der Alleen frei wachsen. Dann durchbrach man hier und da die Umfassungsmauern, um eine freie Aussicht in die ungekünstelte Umgebung zu haben. In den waldigen Partien das Gartens richtete man Plätze und Blumengärten ein. Staatsmänner, Philosophen und Dichter gaben geistige Schützenhilfe. Francis Bacon von Verulam, Verfasser der Sozialutopie »Nova Atlantis«, schrieb schon 1664 ein Buch über die Unnatur und Langeweile der Barockgärten. John Milton, einer der größten Dichter Englands, schilderte im »verlorenen Paradies« ein Ideal von einem natürlichen Garten. Die Dichter Alexander Pope und Joseph Addison stellten bereits Grundsätze für natürliche Gärten auf. In seinem berühmten Aufsatz »The Pleasures of the Imagination« (1712) meinte Pope: »Unsere britischen Gärtner ..., statt der Natur nachzugehen, weichen vielmehr so sehr von ihr ab, als sie nur können. Unsre

Gärtnerin mit Gartenerzeugnissen.
Kupferstich von Johann Jakob Stelzer,
um 1730

Bäume erheben sich in Kegeln, Kugeln und Pyramiden. Die Spuren der Schere sehen wir an jeder Pflanze und Staude. Ich weiß nicht, ob ich ein Sonderling in meinem Geschmack bin, aber ich muß gestehen, daß ich lieber einen Baum in aller seiner schwelgerischen Wildheit von Aesten und Zweigen sehen, als wenn er solcher Gestalt in eine mathematische Figur gehackt und geschnitten ist.«[32] Pope gab selbst ein praktisches Beispiel, indem er seinen Garten in Twickenham naturnah gestaltete. Nach seiner eigenen Beschreibung sollte sein Garten den Eindruck einer von selbst entstandenen Wildnis machen. Küchengewächse und Blumen standen durcheinander, scheinbar wildwachsend auf den Gartenplätzen, Feld- und Gartengewächse, Obst- und andere Bäume wuchsen gemischt, und eine Quelle war als Bach in vielen Windungen und Verzweigungen durch den Garten geleitet. Später folgte ein weiteres Beispiel in Gestalt des ersten größeren malerischen oder landschaftlichen Gartens, den der Maler und Baumeister William Kent für Lord Burlington anlegte. Mit einem weiteren Garten in Claremont, den Kent 1725 schuf, war nun der neue Landschaftsstil als vollendete Tatsache überall angenommen.

Einige Begleitumstände begünstigten diese Entwicklung. So stand die Landschaftsmalerei in höchster Blüte, sie bevorzugte naturnahe ungekünstelte Motive. Hinzu kam, daß man für die zahlreichen aus Nordamerika eingeführten Bäume und Sträucher keine Verwendung in Gärten des französischen Stils fand. Bald aber wurden diese, waldartig und in Tiergärten angepflanzt, Bestandteile der neuen Landschaftsgärten. So vorbereitet, widerstand der englische Garten auch den Versuchen, den chinesischen Garten zu imitieren. Dennoch bemühten sich zwei Gartenschöpfer erfolgreich, Beispiele für chinesische Gärten zu schaffen. Uvedale Price und William Chambers. Sie hatten zwar die chinesische Gartenkunst wiederentdeckt, aber keine glückliche Hand bei dem Versuch, eine Synthese mit der englischen Gartenkunsttradition einzugehen. Vor allem Chambers überfrachtete den Garten mit künstlichen Felsen, Brücken, Pavillons, Tempeln, chinesischen Türmen, Eremitagen, Rimien, also mit Dingen, ohne die man sich lange Zeit einen Park nicht denken konnte.

Unter den ausführenden Gärtnern des neuen Landschaftsstils sind besonders Brown und Rapton zu nennen. Sie trugen wesentlich dazu bei, daß die neueren Gärten als englische Gärten auf dem

Festland von Europa Eingang fanden. Den ersten englischen Garten in Deutschland ließ Baron von Münchhausen in Schwöbber bei Hameln an der Weser anlegen, ihm folgte 1765 der schöne Veltheimsche Park zu Harbke bei Helmstedt. Größeren Einfluß auf die Ausbildung und Verbreitung des neuen Stils gewann der Kieler Gartenbauhistoriker C. Hirschfeld, der 1775 eine »Theorie der Gartenkunst« in deutscher und französischer Sprache herausgab. Jahrelang erörterte er in Gartenkalendern (Jahrbüchern) Probleme der Gartenkunst und gestattete zugleich den Gegnern, das Wort zu nehmen. Hirschfeld wollte keineswegs die französischen Gärten durch englische einfach ersetzen. Dem übertriebenen Zerstörungseifer trat er entgegen und propagierte die Verschmelzung des Neuen mit dem Alten.

Dem Wesen des englischen Gartens am nächsten kam Friedrich Ludwig von Sckell. Er hatte in England in Parkanlagen gearbeitet, in der Rheinpfalz mehrere Anlagen ausgeführt und den neuen Teil des Schwetzinger Gartens im englischen Stil geschaffen. Nachdem er bei Aschaffenburg Gärten umgestaltet oder neu angelegt hatte, ging er mit dem Kurfürsten Karl Theodor von der Pfalz, dem Erben von Bayern, nach München, schuf dort gemeinsam mit dem Grafen Rumford den Englischen Garten und später unter König Maximilian Joseph die übrigen Parkanlagen in München und Umgebung, besonders die Anlage Nymphenburg ist hier zu nennen. Sckell hat seine praktischen Erfahrungen und theoretischen Ansichten in seinem Werk »Beiträge zur bildenden Gartenkunst« (1818) zusammengefaßt. Er stellte zum erstenmal in Deutschland Grundsätze der »bildenden Gartenkunst« auf, gab wichtige praktische Anleitungen und wirkte fördernd auf die heranwachsende Gärtnergeneration. Als eine Schwäche in den theoretischen Ansichten wird die einseitige Anhäufung derselben Baumart kritisiert. Das war noch ein Zugeständnis an ältere Auffassungen. Unter Mitwirkung des Gartenkünstlers von Sckell fand 1808 in München der erste städtebauliche Wettbewerb statt. Als Ergebnis entstanden »auf die Natur bezogene«, in offener Bauweise errichtete Stadtteile. 1839 richtete der Münchener Magistrat die Stelle eines Stadtgärtners unter der Bezeichnung »magistratischer Garten- und Plantagenaufseher« ein. Die Bayerische Akademie ehrt seit 1967 mit dem »Friedrich Ludwig von Sckell-Ehrenring« Personen, die in ihrem Schaffen in der Tradition dieses Gartenkünstlers stehen.

Plattform für das Schneiden hoher Alleebäume.
Zeichnung, 18. Jh.

Eine neue Ära in der Geschichte der Landschaftsgartenkunst leitete der Fürst Hermann zu Pückler-Muskau ein. Pückler ging ganz zur Natur zurück, suchte aber die Kunst zu integrieren. Er verwendete dabei Naturelemente als Kunst-Material und fügte sie zu einem Gesamtkunstwerk zusammen. Die Parke von Muskau und Branitz sind seine ureigensten Schöpfungen. In ihnen vollendet Pückler die Periode der englischen Gartenkunst in Deutschland. Mit seinem Werk »Andeutungen über Landschaftsgärtnerei« (1834) kamen seine Ansichten allgemein zur Geltung. Gleichzeitig mit Pückler wirkte Peter Joseph Lenné als Direktor der Königlichen Gärten in Preußen, besonders unter Friedrich Wilhelm IV.

Lenné gehört zu den bedeutendsten deutschen Landschaftsgärtnern in der Epoche zwischen Aufklärung und Romantik. Bevor er 1816 als königlicher Landschaftsgärtner nach Potsdam ging, hatte er das Gymnasium besucht, die Gärtnerlehre abgeschlossen und in Paris und Wien Botanik studiert. Im Jahre 1814 entwarf er, inzwischen kaiserlicher Garteningenieur, einen Plan zur Vergrößerung und Verschönerung des Gartens von Laxemburg. 1815 war er in Bonn. In Potsdam traf der fast 27jährige Lenné auf 18 preußische Hofgärtner, darunter der alte Oberhofbaurat Johann Gottlob Schulze, der in Personalunion auch das Amt des Gartendirektors innehatte, die ihn alle argwöhnisch beobachteten. Die Probezeit als Gartengeselle muß er mit Bravour bestanden haben, denn noch im selben Jahr erhielt er den ersten Auftrag, die Überarbeitung des Neuen Gartens in Potsdam nach den jüngsten Auffassungen der Gartenkunst. Am 9. Februar erhielt Lenné vom Hofmarschall von Maltzahn eine detaillierte Instruktion, die seine Pflichten und Rechte nun als Mitglied der Gartendirektion festlegte. Lenné schuf nicht nur die großartigen und schönen Anlagen in Potsdam und Umgebung, sondern namentlich auch in Berlin, Magdeburg, Schwerin, Frankfurt an der Oder und Leipzig. 1826 erweiterte er Sanssouci durch die nach dem Belvedere zu gelegenen Anlagen, er schuf das reizende Charlottenhof und die Anlage der Russischen Kolonie. Seit 1833 entstanden nach seinen Plänen die Gartenanlagen auf dem Babelsberg bei Potsdam für den Prinzen von Preußen. Zeit seines Lebens setzte er sich für die »Verschönerung der Insel Potsdam« ein. »Der leitende Gedanke war, die Havel als einen See mit einem großen Park in einer Ausdehnung von fast zwei deutschen Meilen, von dem Karlsberge bei Baumgartenbrück an, bis

zur Pfaueninsel zu umgeben.«[33] Dazu gehörten die vorhandenen Gartenanlagen wie der Neue Garten und Glienicke, Saarow, die Pfaueninsel und Babelsberg und die Veränderung der Fluren um Bornstedt und Bornim, Lindstedt, der Wildpark, Baumgarten-brück, Petzow und die Höhenzüge am östlichen Ufer des Templi-ner Sees.

Die geistigen Wurzeln von Lennés Ideen sind in der französi-schen und englischen Aufklärung zu finden, die in die industrielle Revolution des 18. und des 19. Jahrhunderts mündete. Die ideel-len Visionen in Verbindung mit den die Entwicklung tragenden ökonomischen Möglichkeiten gestattete es, die Natur als Kunst-landschaft zu deuten und sie auszustatten mit glücklichen Plätzen, friedlichen Tälern, gefälligen Ufern. Allerdings sollte es eine Kom-position sein, die »wirklichen Gegenden« entsprach, in denen der Mensch »als Hauptperson in der äußeren Umgebung der Natur« erscheint, schrieb der große deutsche Philosoph Hegel in seiner »Ästhetik«. Hegel stellte die Betrachtung jenem Gartenstil gegen-über, den »man sich mit allen … Ansprüchen auf Selbständigkeit bald satt (sieht)«: »… die vielfach verschlungenen Irrgänge und Boskette mit ihrer steten Abwechslung in schlängelnden Windun-gen, die Brücken über schlechte stehende Wasser, die Über-raschung mit gotischen Kapellen, Tempeln, chinesischen Häu-sern, Einsiedeleien, Aschenkrügen, Holzhaufen, Hügeln, Bildsäu-len …«.[34] In der Tat fügten Lennés Planungen Kunst, Natur, Parke, Wälder und Felder zu solchen bezaubernden »wirklichen Gegen-den« zusammen, die uns heute in Potsdam selbstverständlich ge-worden sind. Lenné gelang es, wie keinem zweiten Gartenarchi-tekten des 19. Jahrhunderts, die Grenze zwischen Garten und freier Landschaft zu verwischen und zu einer Ganzheit zu verschmelzen.

Ein anderes Aufgabengebiet sah Lenné in der Erweiterung vor-handener Großparke, um so viel wie möglich Landschaft der land-wirtschaftlichen Nutzung zu entziehen. Fast 50 Jahre dauerte sein Kampf um die Neugestaltung des Berliner Tiergartens. Seine Idee, für die Bürger der Städte Volksparke zu schaffen, konnte er außer in Berlin auch in Magdeburg und Frankfurt an der Oder, mit den Anlagen in Leipzig und mit der Bürgerwiese in Dresden verwirkli-chen. Lennés Pläne für vom Bürgertum erstrebte öffentliche Gar-tenanlagen führten übrigens zu Unstimmigkeiten mit dem Fürsten Pückler.

Schon Anfang der 20er Jahre regte er Institutionen an, die zur Förderung der Landeskultur beitragen sollten. So gehörte er zu den elf Gründern des »Vereins zur Beförderung des Gartenbaus in den preußischen Städten«. Mit seiner Hilfe gelang es, 1823 die Gärtnerlehranstalt in Schöneberg und Potsdam und die Landesbaumschule in Potsdam ins Leben zu rufen. Lenné wurde zum Direktor der beiden Einrichtungen ernannt. Die Gärtnerlehranstalt ist der Beginn der höheren Ausbildung im Gartenbau. 1853 wurde sie ganz nach Potsdam verlegt. Die Ausbildung erfolgte in vier aufeinander aufbauenden, jeweils einjährigen Stufen. Schon in den Statuten vom 27. September 1823 hieß es, daß die Ausbildung der Gartenkünstler »zwar auch auf practischen Übungen in den Kunstfertigkeiten der vorgedachten beiden Abteilungen (Handelsgewächse, Blumenzucht, Obstbau und Treibereien), hauptsächlich aber auf den rationellen Betrieb jener Kulturen, Veranschlagung, Direction und Berechnung derselben, und darüber hinaus auf Übung und Unterricht in der botanischen und bildenden Gartenkunst gerichtet ist.«[35]

Wer die vierte Bildungsstufe, nämlich die der »Gartenkünstler« oder Gartenarchitekten, anstrebte, mußte dies bereits bei Eintritt in die Gärtnerlehranstalt kundtun. Von ihm erwartete man folgende Vorbildungen und Vorkenntnisse:

»1) Eine schöne und fertige Handschrift.
  2) So viel Übung in der Lateinischen Sprache und in den mathematischen Vorkenntnissen, als von dem Schüler dritter Classe einer gelehrten Schule gefordert wird.
  3) Vollkommene Fertigkeit in der gemeinen Rechenkunst.
  4) Einige Uebung im Zeichnen.«[36]

Zu den Zielen der Anstalt gehörte, in dem Fach, das der Zögling vorzugsweise erwählt hatte, später auch als Lehrer auftreten zu können.

Lennés Werke lebten in seinen Schülern fort. Von der Gründung der Gärtnerlehranstalt bis zum Tode Lennés durchliefen fast 200 Zöglinge diese Ausbildungsstätte, »mit der Lenné das wissenschaftliche Fundament für einen Beruf legte und gleichzeitig eine praxisbezogene Ausbildung betrieb«.[37] Die Schule profitierte von seinen Erfahrungen als Gärtner und Gartenarchitekt. Seine Entwürfe von Gartenanlagen und Gartenpläne übergab er einzelnen Zöglingen zum Kopieren. In der Baumschule lernten die künftigen Gartenarchitekten das Bestimmen der heimischen und fremden Gehölze, ihre Aufzucht und Verwendungsmöglichkeiten kennen. Die Landesbaumschule wirkte zudem auf die Förderung des Obstanbaus, des Waldbaus und der Landesverschönerung. Schon 1826 wurde an Obstgehölzen kultiviert: 480 Sorten Äpfel, 300 Sorten Birnen, 120 Sorten Kirschen, 74 Sorten Pflaumen.

In den übrigen Ländern vollzog sich die Einführung des englischen Gartenstils ähnlich wie in Deutschland, nur weniger stürmisch und langsamer. In Frankreich waren anfangs viele für den neuen Gartenstil begeistert, vor allem der Marquis von Gerardin, der den großen Naturpark von Ermenonville an J. M. Morel in Auftrag gab. Diese Gartenschöpfung soll unter dem Einfluß der naturrechtlichen Lehre von Jean Jacques Rousseau zustandegekommen sein. Morel gibt in seiner Schrift »Theorie des jardiens« (Paris 1776) eine Beschreibung von Ermenonville. Die Französische Revolution und die Napoleonischen Kriege unterbrachen in Frankreich die weitere Entwicklung. Die an die Macht zurückgekehrten Bourbonen wußten nichts Besseres zu tun, als die alten Gärten zu konservieren. Nur einige reiche Bürger legten Parke nach englischem Muster an. Erst unter König Ludwig Philipp setzte erneut ein Aufschwung in der Gartenkunst ein. In kürzester Zeit schufen die französischen Landschaftsgärtner in und um Paris zahlreiche großartige Anlagen und bereicherten die Gärtner außerhalb Frankreichs mit vielen wertvollen Erfahrungen. Um 1850 wurden, angeregt von Frankreich, die natürlichen Landschaftsformen häufig mit exotischen Pflanzen durchsetzt. Vorbild war der Landschaftspark »Bois de Boulogne« (1850), der 1853 der Stadt Paris geschenkt wurde. Mitte des 19. Jahrhunderts entstehen berühmte Landschaftsgärten in den USA, so die Anlagen von Savannah, der Central Park in New York (nach 1860) und der 1893 angelegte Park am Michigansee in Chicago. Die Parke in New York und Chicago legte der bedeutendste amerikanische Gartenarchitekt jener Zeit, S. L. Olmstedt, an.

Die meisten der italienischen Landschaftsgärten stammen von Giuseppe Jappelli, einem Zeitgenossen Lennés. Die Romantik erfreute sich zu dieser Zeit in Italien längst nicht derselben Beliebtheit wie in England und in Deutschland. Jappelli hatte aber einen

Hang zum Phantastischen und zum Eklektizismus, zum Magischen und Geheimnisvollen. Alle Elemente, die im menschlichen Leben existieren, sollten in seinen Gärten vorkommen. Jappellis Auftraggeber kamen aus dem gehobenen Bürgertum und dem Adel.

Seit dem Ende des 19. Jahrhundert ist wiederum England dabei, die Entwicklung der Landschaftsgartenkultur mit neuen Ideen zu fördern. Die interessanteste Bewegung war von der Idee zunehmender Durchgrünung der Städte getragen und ist als Gartenstadtbewegung eine wesentliche Säule der Landschaftsarchitektur geworden. Von England ausgehend, wo Ebenezer Howard 1902 sein weltberümtes Buch »Gartenstädte von morgen« herausgebracht hatte, kam der Anstoß zu einer Revolutionierung des Städtebaus, der auch Deutschland und Österreich-Ungarn erfaßte. Die Entwicklung der Gartenbaukunst und des Berufes des Gartengestalters ist in der Zeit, die mit Le Nôtre einsetzte und mit Lenné im 19. Jahrhundert ihren Höhepunkt zu verzeichnen hatte, in besonderer Weise befördert worden. Verbanden sich in den vorausgehenden Epochen die Gartenschöpfungen überwiegend mit den Namen der Auftraggeber, der Herrscher – was gelegentlich auch zutraf –, so werden erstmalig Garten und Stil ausschließlich mit den Namen ihrer Urheber verbunden; der Beruf des Gartengestalters oder des Landschaftsgärtners als unabhängig formender begann sich abzuzeichnen und war spätestens in der zweiten Hälfte des 19. Jahrhunderst allgemein als gärtnerischer Zweigberuf anerkannt. Natürlich blieb nicht nur die große Gartenanlage des Adels- oder des Bürgerparks Tätigkeitsfeld des Landschaftsgärtners. Neben den Entwürfen für die malerischen Gärten (picturesque gardens), die im 19. Jahrhundert unter dem Begriff des Landschaftsgartens bekannt wurden, begann sich als neues gärtnerisches Aufgabenfeld der Villengarten herauszukristallisieren. Um den Bedarf an Fachleuten zu decken, wurden neben der seit 1823 im Potsdamer Wildpark bestehenden Gärtnerlehranstalt zwei weitere staatliche Lehranstalten für Gartenbau, in Geisenhain im Jahre 1872 und in Proskau 1868, eingerichtet. Wohlhabende Bürger begannen, für die Anlage ihres Gartens einen Gärtner zu konsultieren.

Der englische Gärtner
als Gentleman

ZUM MODERNEN LANDSCHAFTSGARTEN, der von England aus seinen Siegeszug antrat, gehört als unverzichtbares Element die Wiese und der Rasen. Der Rasen, eine vorwiegend aus Gräsern gebildete dichte und geschlossene Pflanzendecke, gedeiht am besten in einem milden, nicht zu trockenen Klima. Das ist sicher einer der Gründe, daß in England Rasenflächen eine große Vollkommenheit und Schönheit erreichen. Rasen spielte auch in früheren Epochen eine Rolle. Im Mittelalter kannte man die Blumenwiese, Wisgart genannt, die den Mittelpunkt höfischer Lustgärten bildete und zum Beispiel im Plan eines Lustgartens des Albertus Magnus eine zentrale Funktion ausübte. Eine wichtige Rolle spielte im mittelalterlichen Gartenleben außerdem die Rasenbank. Im Barockgarten war der Rasen nur noch ein Wiesenstück. Aus einer Wiese wurden viereckige Grasstücke abgestochen und nach der Schnur in der vorgesehenen Form ausgelegt, angeklopft und begossen, bis sie eine feste Grasfläche oder ein Rasenbeet bildeten. Der französische Gartenkünstler Le Nôtre propagierte den von Buchsbaumkanten eingefaßten Rasenteppich (le tapis vert). In deutschen Gartenanlagen nannte man das Rasenparterre häufig Laubstück oder Luststück. Die barocken Wiesenstücke mußten ständig kurz gehalten werden, was man sehr mühsam und arbeitsaufwendig durch Absicheln erreichte.

Die eigentliche Blütezeit begann mit dem englischen Gartenstil, der aus dem englischen Tiergarten hervorging. Diese größeren Grasflächen wurden bereits durch Ansaat hergestellt. Dazu benutzte man in der Regel Grassamen, den man von den Heuböden sammelte. Beim Übergang zum Landschaftsgarten wurde die Mischung mehrerer Gräser (fünf bis sieben) erfunden. Nur ein Ge-

*Der ländliche Gärtner entwickelt sich
zu einem eleganten Gentleman.
Zeichnung, nach 1830*

misch gibt einen dauerhaften Rasen. Zur Erhaltung gehört aber auch häufiges Mähen, Bewässern und gelegentliches Düngen. Um eine gleichmäßige Beschaffenheit und ein schönes Ansehen des Rasens zu erzielen, verwendete man bis ins 19. Jahrhundert hinein die Sense oder die Sichel. Zur Herstellung und zur Erhaltung des Landschaftsgartens benutzten die Gärtner zunächst die gleichen Geräte, wie sie sich in der Geschichte der Gartenkultur bis zum 17. Jahrhundert entwickelt hatten. Diese Gartengeräte wiesen schon jene Formen auf, wie wir sie noch heute kennen.

Bis Anfang des 19. Jahrhunderts fehlte die Maschine im Gerätereservoir des Gärtners. Die seit der Antike bekannten, auf mechanischen Prinzipien beruhenden Wasserspiele fanden keine Verwendung, um die arbeitsaufwendige Tätigkeit des Gärtners zu erleichtern. Erst vor dem Hintergrund der industriellen Revolution des 19. Jahrhunderts fand die Maschine Eingang in den Gartenbau. Und es scheint logische Folge gewesen zu sein, daß der Rasenmäher zum Synonym des Fortschritts wurde. Erfinder der ersten Lawnmower (Rasenschneidemaschine) um 1830 war der englische Textilingenieur Edwin Beard Budding. Er hatte sich bereits in der Textilbranche mit der Erfindung des Zusammenwirkens von Walze und Messer zum Schneiden von Tuch hervorgetan. Eines Tages kam ihm die Idee, daß auf ähnliche Art und Weise, wie der Tuchflor geschnitten wird, auch das Gras geschnitten werden könnte. Der Rasenmäher war geboren, eine Verbindung von Walze und Messer. Er besteht aus einer Anzahl, in der Regel zwei bis drei, spiralförmig um eine Zylinderfläche gewundener Messer, die in einem Gestell leicht drehbar eingesetzt sind. Unmittelbar hinter den Messern ist eine Walze zum Festpressen des Rasens angebracht, durch deren Umdrehung und mittels einer Zahnradübertragung die Messerachse in schnelle Rotation versetzt wird. Das Patent für seine »Maschine zum Mähen von Rasen« trägt das Datum vom 31. August 1830. Die neue Maschine wurde im 19. Jahrhundert vor allem in England und in Nordamerika verwendet, während in anderen Ländern und in Deutschland noch überwiegend die Sense in Gebrauch blieb. Buddings Rasenmäher zeigte aber auch, daß der technische Fortschritt zum sozialen Aufstieg beitragen kann. So entwickelte sich der ländliche Gärtner zu einem eleganten Gentleman, der der Besitzer selbst sein konnte (Thacker), oder gar zu einer Madam, wenn die zeitgenössischen Abbildungen und Instruktionen stimmen. 1840 rät eine »Instructions in Gardening for Ladies«, den Rasen »oft zu mähen«, fügt aber hinzu: »Diese Arbeit eignet sich eigentlich nicht sehr gut für eine Frau; es sei denn, sie hätte genügend Kraft, eine von Buddings Mähmaschinen zu bedienen«. Noch 1841 hatten viele Gärtner ein Vorurteil gegen die Maschine, aber um 1870 heißt es in Beetons »Dictionary of gardening«: »Sie sind so bekannt, daß sie keiner Beschreibung mehr bedürfen ... Diese nützlichen Maschinen ersetzen auf großen und kleinen Rasen rasch die Sense.«

Weitere mechanische Gartengeräte, die im Verlaufe des 19. Jahrhunderts nach der Erfindung des Rasenmähers zur Reduzierung des schweren gärtnerischen Arbeitsaufwandes beitrugen, waren die Gartenspritze, die Sämaschine, die Radhacke, auch Maschinen zur Wasserförderung, die durch Dampfkraft oder Windmotore angetrieben wurden. Am Ausgang des 19. Jahrhunderts hatte der Rasenmäher auch in Deutschland umfassende Verbreitung gefunden.

Buddings Erfindung und die anderen technischen Fortschritte des 19. Jahrhunderts waren Voraussetzung für die Verbreitung der Gärten im englischen Mittelstand.

Zwei Themen beherrschen seitdem die Unterhaltung mit einem Engländer: das Wetter und der Garten. Besucher der Insel sind immer wieder erstaunt, wie begeistert man sich mit Engländern über Blumen und Pflanzen unterhalten kann. Mindestens zehn Millionen Hausbesitzer pflegen in dieser »Nation von Gärtnern« einen eigenen Garten und etwa 6000 verschiedene Gartenbaugesellschaften halten regelmäßig Pflanzenschauen ab. In Wisley ist der berühmte Garten der Royal Hortculture Society, die seit ihrer Gründung (1804) mit ihren mehr als 70 000 Mitgliedern und ihrer mit über 37 000 Bänden größten Gartenbaubibliothek der Welt sozusagen als »Welthauptquartier« (Rümpel) des Gartenbaues gilt.

»Lob der Gärtnerey«
oder historische Betrachtungen
zum Beruf des Gärtners

D ER RÖMISCHE GELEHRTE und Staatsmann Seneca verglich die Tätigkeit des Gärtners mit jener des Weisen oder des Philosophen: »Sein Vorbild sind verständige Gärtner, die nicht nur gutgewachsene Hochstämme aufziehen, sondern auch die aus irgendeinem Grund verkrümmten Stämme an Pfähle binden, die ihnen Halt geben. Die einen beschneiden sie, damit die Seitenäste nicht den schlanken Wuchs hemmen, andere, die in schlechter Lage zurückgeblieben sind, düngen sie kräftig, wieder andere, die im Schatten der Nachbarn verkümmern, schneiden sie frei. So wird der Weise darauf achten, wie jedes einzelnen Eigenart zu behandeln sei, wie Krummes zurecht gebogen werden könne …«[38]

Mit einem »Lob der Gärtnerey« leitete Elßholtz sein großes Gartenbuch ein, das für die zweite Hälfte des 17. Jahrhunderts in der Mark Brandenburg und in den angrenzenden Ländern grundlegend für den Gartenbau war: »Es sind von Anfang der Welt her, wo nicht alle Menschen, dennoch alle Verständigen der Meinung gewesen, daß Lust und Nutz wol beysammen stehen, und daß diese zwey Stück ein Ding angenehm zu machen genug seyn. Aber wo findet man mehr zugelassene Ergetzlichkeit, wo findet man ehrlichern Gewinn als bey der Gärtnerey? Was belustigt die Augen mehr als ein aufgeputzter Garten? Was bringt gewissern Nutz als ein wol begatteter Garten? Es ist kein Bawrhüttlein so gering, das sich nicht seines Krautgartens freue und kein Edler auf dem Lande so nachläßig, welcher hierin nicht ein Stück seiner Behäglichkeit suche. Von grossen Städten wil ich nicht reden, sintemahl ihre zierliche Gärten vor sich selbst das Werk führen …«[39]

Und in des Franciscus Philippus Florinus Hausvater-Buch, das

1702 in Nürnberg, Frankfurt, Leipzig erschien und zahlreiche Nachauflagen erlebte, ist die Gartenarbeit keineswegs »eine Folge des göttlichen Fluchs, sondern eine Lustübung und Nachahmung der göttlichen Natur, ein Spiegel des künftigen Paradieses ... Die Keller werden mit Obst, die Apotheke mit Kräutern, die Tafel mit wohlschmeckenden Früchten, die Herzen mit süßer Freude, die Augen mit angenehmer Grüne, die Nase mit herlichem Geruch und der Mund dermaßen durch den Genuß der vortrefflichen Obstsorten angefüllt, daß solche zulässige Wollust besser zu empfinden als mit Worten zu beschreiben ist ... In Betrachtung dieses edlen Lebens hat die Gartenwissenschaft viele ... Liebhaber und Förderer gehabt ...«[40]

»Lust« und »Nutzen« gehen in der Geschichte der Gartenbaukultur eine besonders enge Verbindung ein, sie begleiteten den Gartenbau durch alle Epochen, wenngleich mal diese und mal jene Seite stärker betonend. Beide Worte sind Ausdruck für Gestaltungs- und Verwendungsweisen des Gartens. Sie sind auch die historische Wurzel für die Gewerbebenennung »Kunst- und Handelsgärtnerei«, wie sie zum Beispiel die deutsche Gewerbestatistik noch vor 100 Jahren auswies. Unter den 19 Gewerbegruppen, die diese Statistik umfaßt, bildet übrigens die »Kunst- und Handelsgärtnerei« die erste Gruppe.

Wer als Gärtner zu gelten hatte, war bis zum Ausgang des Mittelalters von untergeordneter Bedeutung. Die Grenzen zwischen dem Gärtner im engeren Sinne, jenem, der einen botanischen und gärtnerischen Bildungsgang durchlaufen hatte, und dem Gartenarbeiter sowie dem Gärtner im Nebengewerbe, blieben mindestens bis zur Mitte des 19. Jahrhundert fließend. So wird in der »Thüringischen Gartenzeitung vom Jahre 1848 beklagt, »daß Jedermann sich jetzt Kunst- und Handelsgärtner nennen und schreiben könne, ohne nach altehrwürdiger Sitte durch eine förmliche Lehrzeit und einen ordentlichen Lehrbrief dazu sich erst legitimieren zu müssen«.[41] Aber die Ausbildung der Lehrlinge war 30 Jahre später noch immer nicht auf der Höhe der Zeit. 1882 wird dem in Berlin erscheinenden »Organ der freien geistigen Vereinigung zur Hebung und Wahrung der gesammten gärtnerischen Interessen, sowohl in politischer als auch in geschäftlicher und kultureller Beziehung« festgestellt, daß es nirgends trauriger aussieht »als gerade in der Gärtnerei«.[42] Und an anderer Stelle dieses Organs heißt es:

»... doch sollte man meinen, daß kaum ein zweiter Lebensberuf geeigneter zur Erziehung geistreicher und gebildeter Männer als gerade die Gärtnerei mit ihrer abwechslungsreichen Tätigkeit, ihren endlosen Forschungen und ihrem oft staunenswerten Eindringen in die geheimste Tätigkeit der Natur sein könnte ...«[43] Der Autor schließt den Gedankengang mit der Frage, ob sich die »Gärtnerei ihrer hohen kulturellen und volkswirtschaftlichen Bedeutung, welche sie schon seit Jahrhunderten einnimmt«[44] noch bewußt ist und zur Geltung bringt.

Im Jahre 1919 veröffentlichte die staatliche Lehranstalt für Obst- und Gartenbau in Proskau aus Anlaß ihres 50jährigen Bestehens »Berufliche Lebenserfahrungen ehemaliger Schüler«. Der Jubiläumsband gibt Auskunft über den Werdegang einer gärtnerischen Studienstätte, die von Anfang an im Sinne der besten Traditionen Fachkräfte auf den Gebieten der »Nutzgärtnerei« und der »Gartentechnik und Gartenkunst« heranzog. Er ist insofern zugleich ein Spiegelbild des Entwicklungsstandes des Gärtnerberufes im zweiten Jahrzehnt unseres Jahrhunderts.

Unter den 27 Beiträgen befindet sich ein einziger Aufsatz, der sich mit der »Frauenfrage« in der Gärtnerei beschäftigt. Der Verfasser war zu dieser Zeit noch Hörer der staatlichen Lehranstalt. Für seine Darlegungen hatte er 1918 den ersten Preis der J.-Erbe-Stiftung gewonnen. Anlaß waren zunächst die traurigen Folgen des Ersten Weltkrieges, aus dem viele Männer gar nicht oder kriegsverletzt zurückkehrten. Allein deshalb eröffneten sich den Frauen Möglichkeiten zum Einstieg in Berufe, die sich im Verlaufe der Geschichte die Männer erobert hatten – auch den des Gärtners. Die eigentliche Ursache für die Wahl des Themas war aber, wie der Verfasser richtig bemerkte, »das letzte Jahrhundert, das uns Dampfmaschinen, Elektrizität und andere Erfindungen brachte« und in deren Gefolge sich im »gesamten Gesellschafts- und Wirtschaftsleben bedeutende Umwälzungen vollzogen«. Die soziale und berufliche Stellung der Frau war von diesen Veränderungen mit betroffen, und sie trug sie mit. Dennoch hielt sich hartnäckig der Einwand, die Frau sei wegen der physischen Belastung zur Gartenarbeit nicht tauglich. Der Verfasser des Aufsatzes hielt entgegen: »Die Gartenarbeit, wie wir die Tätigkeit des Gärtners kurz bezeichnen wollen, ist so vielseitig, wie in keinem Berufe.« Auch den »Anforderungen, welche die Gärtnerei in geistiger Beziehung an ihre

Jünger stellt, dürfte die Frau wohl stets genügen. Besonders die Genauigkeit, mit der die Frau die meiste Arbeit verrichtet, kommt ihr in der Gärtnerei vielfach zu statten. Es wird dies auch schon häufig gewürdigt, z. B. in der Binderei und Topfpflanzkultur, um nur einige Fälle zu nennen. Die Liebe zur Pflanze und zur Natur, ohne die der rechte Gärtner nicht denkbar ist, wird sich beim zarten Geschlecht wohl ungleich häufiger finden als bei den Herren der Schöpfung.« Der Verfasser sieht daher für die Frau Berufsaussichten in ausnahmslos allen Zweigen gärtnerischer Praxis und Lehre.

Er stellt sich schließlich einem letzten Einwand: Ist nun die Frau eine Konkurrenz für den Mann? Seine Antwort lautet: »Tritt eine Frau in einen neuen Beruf ein, so wird nur dann eine Konkurrenz entstehen, wenn sie die gleiche oder bessere Arbeit leistet wie der Mann. Diese Konkurrenz kann aber auf jeden Beruf nur befruchtend wirken, da sie alle Berufsmitglieder zu höchster Leistung anspornt. Auch können wir niemandem gebieten, seine Kräfte und Fähigkeiten nur in bestimmten Grenzen anzuwenden, das wäre Freiheitsberaubung.«[45]

Dort, wo der Verfasser dieses mutigen Aufsatzes selbst noch Bedenken anmeldete, haben wir sie stillschweigend ignoriert. Sie gehören ja inzwischen der Vergangenheit an.

Damit wollen wir den Streifzug durch die 5000jährige Kulturgeschichte des Gärtnertums in der Gewißheit beschließen, daß der Gärtner die Menschheit auch in Zukunft begleiten wird, indem er die Erde nach den Gesetzen der Schönheit und des Nutzens gestaltet und bewahrt.

> »Ich weiß auch, daß wir
> in unserem Garten arbeiten müssen,
> denn als der Mensch
> in den Garten Eden gesetzt wurde,
> geschah dies ut operaretur eum,
> auf daß er ihn bebaue,
> was beweist, daß der Mensch nicht
> zum Ausruhen geschaffen wurde.«
>
> VOLTAIRE, CANDIDE

Anhang

ANMERKUNGEN

(Die Kurzform nimmt Bezug auf Literatur und Quellen)

1 de Bougainville, S. 199
2 de Bougainville, S. 367 f.
3 Die Heilige Schrift, S. 245
4 Die Heilige Schrift, S. 884
5 H. Kischkewitz (Hrsg. u. Nach-dichtung): Liebe sagen. Lyrik aus dem ägyptischen Altertum, Leipzig 1976, S. 56–58
6 Musiolek, S. 95
7 Aus: Geoponika, zit. n. Reinhardt, S. 390 f.
8 Gaius Plinius, S. 263
9 Gaius Plinius, S. 263 ff.
10 Gaius Plinius, S. 267 ff.
11 Philodemus: Epigramme XX (3280 ff.). Für »Sprossen« lies Kohlstengel
12 Lauenstein, S. 13, zit. n. Fischer, S. 137 f.
13 Albertus Magnus, 7. Buch, Kap. 1, zit. n. Fischer, S. 159
14 Albertus Magnus, 7. Buch, Kap. 2 bis 14, zit. n. Fischer, S. 160–173
15 Albertus Magnus, zit. n. Fischer, S. 171–175
16 Mez, S. 482, zit. n. Ley, Bd. 2/1, S. 157
17 Ibn Abi Ossaibiah, zit. n. Fischer, S. 49
18 Ethnographisches Archiv, Bd. 35, S. 198
19 Boccaccio, S. 288–291
20 Coler, zit. n. Fraas, S. 65
21 Coler, zit. n. Geschichte des deutschen Gartenbaus, S. 115
22 Hieronymus Bock (1535), zit. n. Geschichte des deutschen Gartenbaus, S. 113
23 S. Hofmann, zit. n. Zander, S. 38
24 Haupt, S. 42
25 Christian Reichart: Einleitung in den Garten- und Ackerbau, 1785. Theil 1, S. 16–34
26 Mollet, zit. n. Gothein, II, S. 34 f.
27 Die Memoiren des Herzogs von Saint-Simon, hrsg. und übers. von Sigrid von Massenbach, Frankfurt; Berlin; Wien 1977. 1. Bd., S. 250 f.
28 Günther, in: Le Blond, S. 510
29 Le Blond, S. 23
30 Le Blond, S. 6
31 Le Blond, S. 7
32 Pope, zit. n. Thacker, S. 209 f.
33 Günther, S. 17
34 Hegel, S. 262
35 Günther, S. 26
36 Günther, S. 27
37 Günther, S. 27
38 Seneca, S. 127
39 Elßholtz, S. 1 f.
40 Der kluge und rechtsverständige Hausvater …, S. 86–89
41 zit. n. Haupt, S. 78
42 Sensenhauser, S. 321
43 Sensenhauser, S. 6
44 Sensenhauser, S. 6
45 Der heutige Gartenbau, S. 159–186

ALBERTUS MAGNUS: De vegetabilibus, liber septimus de umtatione plantae ex silvestritate in domesticationen. – Berlin 1867

BOCCACCIO, G.: Das Dekameron. – Berlin 1956

DE BOUGAINVILLE, L.-A.: Reise um die Welt. – Berlin 1977

BÖTTGER, W.: Kultur im alten China. – Leipzig; Jena; Berlin 1977

CERAM, C.W.: Götter, Gräber und Gelehrte. – Berlin 1980, 2.Aufl.

Christian Reichart 1685–1775. Pionier und Förderer des Erfurter Erwerbsgartenbaues. – Erfurt 1985

COLER, J.: Calendarium oeconomicum & perpetuum. – Neudruck der Erstausgabe, Wittenberg 1591. – Leipzig 1988

DÄNHARDT, W.: Beiträge zur Frage der Rechtszugehörigkeit des Gartenbaues. – Dresden 1921

DÄNHARDT, W.: Die Stellung des Gartenbaues im Wirtschaftsleben und im geltenden Recht. – Dresden 1928

DIETRICH, F.G.: Vollständiges Lexicon der Gärtnerei und Botanik. – Weimar; Berlin 1802–1810

DIETRICH, F.G.: Handlexikon der Gärtnerei und Botanik. – Berlin 1829

DIRR, P.: Gartenkunst und Gärtnergewerbe in der Reichsstadt Augsburg. – Augsburg 1913

Early English Gardens in New England. – London 1970

ELSSHOLTZ, J.S.: Vom Garten-Baw. – Neudruck der Ausgabe Berlin; Leipzig; Cölln 1684, 1. Aufl., mit einem Nachwort von Harri Günther. – Leipzig 1987

Ethnographisches Archiv. – Bd. 35. – Jena 1827

FISCHER, H.: Mittelalterliche Pflanzenkunde. – München 1929

FRAAS, C.: Geschichte der Landbau- und Forstwissenschaft. Seit dem sechzehnten Jahrhundert bis zur Gegenwart. – München 1865

Gaius Plinius Caecilius Secundus. – Briefe. lateinisch-deutsch. – Hrsg. von Helmut Kasten. – München 1979, 4. Aufl.

GAUGUIN, P.: Noa Noa. – Berlin o.J.

Die Germanen. – Ein Handbuch in zwei Bänden. – Berlin 1978 (2. Aufl.), 1983

Geschichte des deutschen Gartenbaues. – Stuttgart 1984

Geschichte der Wissenschaften in Deutschland. – Dritter Band: Geschichte der Landbau- und Forstwissenschaft. – München 1865

GÖLL, H.: Illustrierte Mythologie. – Leipzig 1905

GOTHEIN, M. L.: Geschichte der Gartenkunst. – Jena 1914 (1926)

GRANT, M.: Pompeji Herculaneum. – Wien 1988 (aus d. Engl.)

Günther, Harri: Peter Joseph Lenné. – Berlin 1985

HALLMANN, H.W. u. J.N. MÜLLER (Hrsg.): Freiraumarchitektur. – Bd. 1.: Vom Mittelalter bis heute. – Berlin 1993 (veröff. FB 14 TU Berlin)

HANSMANN, W.: Gartenkunst der Renaissance und des Barock. – Köln 1983

HAUPT, H.: Die Erfurter Kunst- und Handelsgärtnerei. – Jena 1908

HEDRICK, U.P.: A History of Horticulture to America to 1860. – Oxford 1950 (Reprint 1988)

HEGEL, G. W. F.: Ästhetik. – Berlin 1955

Die Heilige Schrift. – Übers. u. bearb. von Hermann Menge. – Berlin 1960

HENNEBO, D. u. A. HOFFMANN: Geschichte der deutschen Gartenkunst. – 3 Bände. – Hamburg 1962 bis 1965

HENNIG, K.: Japanische Gartenkunst. – Köln 1980

Der heutige Gartenbau. – Berlin 1919

HIRSCHFELD, C.C.L.: Theorie der Gartenkunst. – Reprint der Ausgabe von 1779–1785 in 2 Bänden. – Hildesheim 1985

HÖDL, W. U. J. GASCHE: Die Socoya Indianer und deren Landbaumethoden. – In: SB der Gesellschaft der Naturforscher zu Berlin (N. F.) 20/21 (1981) 73–87

HUXLEY, A.: An Illustrated History of Gardening. – New York & London 1978

Im Zeichen der Ahnen. – Chronik eines angolanischen Dorfes. – Leipzig und Weimar 1979

JANIK, D. U. W. LUSTIG (Hrsg.): Die spanische Eroberung Amerikas. Eine kommentierte Anthologie von Originalzeugnissen. – Frankfurt a.M. 1992

KIRSCHSTEIN, J.: Tätigkeiten des Landschaftsgärtners. Ein geschichtlicher Überblick. – Hannover; Berlin; Sarstedt 1969

Der kluge und rechtsverständige Hausvater. Ratschläge, Lehren und Betrachtungen des Franciscus Philippus Florinus. – Berlin 1988

KOLDEWEY, R.: Das wieder erstehende Babylon. – 5. überarb. und erweit. Auflage. – Berlin 1990

LAUENSTEIN, D.: Der deutsche Garten des Mittelalters bis um das Jahr 1400 (Phil.Diss.). – Göttingen 1900

LE BLOND, A.: Die Gärtnerey sowohl in ihrer Theorie oder Betrachtung als Praxi oder Übung. – Nachdruck mit einem Nachwort von Harri Günther. – Leipzig 1986

LEY, H.: Geschichte der Aufklärung und des Atheismus. – Bd. 1–5/1. – Berlin 1966–1986

LICHATSCHOW, D.: Der Garten in der europäischen Kultur. – Kunst und Literatur 5 (1983) 590–601

LIEDTKE, W.: Die Bodenbauer. – Völkerkunde für jedermann. – Gotha 1966

LIPS, J.: Vom Ursprung der Dinge. – Leipzig 1953

MAGOROH MARUYAMA: Denkmuster: Meta-Prinzipien der Umweltgestaltung. – Garten+Landschaft 10 (1981) 806–815

MARTINI, S.: Geschichte der Pomologie in Europa. – Bern 1988

MEYER-BOHE, TH.: Harmonie der Gegensätze. Zur Architektur chinesischer Gärten. – Bauverwaltung 10 (1989) 453/454

MEZ, A.: Die Renaissance des Islams. – Heidelberg 1922

MUSIOLEK, P.: Stadt der Athene. – Berlin 1989

MUSIOLEK, P. U. W. SCHINDLER: Klassisches Athen. – Leipzig 1980

PETZOLD: Fürst Pückler in seiner Bedeutung für die Gartenkunst. – Leipzig 1874

PÖHLMANN, R.: Aus Altertum und Gegenwart. – München 1895

REINHARDT, L.: Kulturgeschichte der Nutzpflanzen. – München o. J.

SENECA: Von der Seelenruhe. Philosophische Schriften und Briefe. – Leipzig 1983, 2. Aufl.

SENSENHAUSER, F. (Hrsg.): Sammlung gemeinnütziger Original-Vorträge und Abhandlungen auf dem Gebiete des Gartenbaues. – Berlin 1882

THACKER, CH.: Die Geschichte der Gärten. – Zürich 1979 (aus d. Engl.)

VAUPEL, G.J.(Hrsg.): Pückler Muskau Landschaftsgärtnerei. Andeutungen über Landschaftsgärtnerei. – Frankfurt a. M. 1988

WEBBER, R.: Market Gardening. The History of Commercial Flower,

Fruit and Vegetable Growing. –
Newton Abbot 1972

WILHELMY, H.: Welt und Umwelt
der Maya. – München; Zürich 1989

WIMMER, C.A.: Ars Topiaria – Die
Geschichte des geschnittenen Baumes. – In: Die Gartenkunst 11
(1989) 20–32

YANES, B.: Spanien. Auf den Spuren
der Mauren. – München 1988

ZANDER, R.: Geschichte des Gärtnertums. – Stuttgart 1952

Bildarchiv Preußischer Kulturbesitz, Berlin S. 2, 15, 21, 29, 31, 33, 37, 39, 41, 45, 55, 65, 69, 113, 127, 143, 147, 157, 159, 163, 173, Schutzumschlag Vorderseite

Archiv Leps, Berlin S. 9, 11, 13, 17, 25, 47, 67, 71, 101, 103, 105, 121, 169

Foto-Reutermann, Berlin S. 23, 35, 51, 57, 83, 91, 93, 95, 99, 115, 117, 129, 161

Ingrid Hänse, Leipzig S. 63, 73, 77, 79, 81, 107, 109, 111, 139

Gestaltung: Dietmar Kunz, Leipzig
Gesamtherstellung:
Offizin Andersen Nexö Leipzig GmbH
Printed in Germany

ISBN 3-361-00417-9

AgrEvo Ein Unternehmen von Hoechst und Schering

Zuerst erforschen wir die Folgen.
Dann die Folgen der Folgen.
Und dann die Folgen der Folgen der Folgen.

Gemeinsam neue Wege gehen. AgrEvo.